Siegert | Beethoven. 100 Seiten

AF177666

✳ Reclam 100 Seiten ✳

STEFAN SIEGERT, geb. 1946, arbeitet als freier Autor für Radio, Print- und Onlinemedien, sein Schwerpunkt ist die klassische Musik. Große Bekanntheit erlangten seine mit der Deutschen Grammophon produzierten Operneinführungen für Kinder (Holzwurm der Oper). Für das Beethoven-Jahr 2020 hat er u. a. verschiedene Radio-Features zum Thema konzipiert.

Stefan Siegert

Beethoven. 100 Seiten

Reclam

Meiner Frau Uta Rauser
meiner Lebensretterin Catrin Soetbeer
meinem Freund Anner Bijlsma (1934–2019)

2020 Philipp Reclam jun. GmbH & Co. KG,
Siemensstraße 32, 71254 Ditzingen
Umschlaggestaltung nach einem Konzept von zero-media.net
Infografik (S. 46 f.): annodare GmbH, Agentur für Marketing
Bildnachweis: S. 3: akg-images; S. 14: Granger Historical Picture
Archive / Alamy Stock Foto; S. 59: CC BY-SA 3.0 / Welleschik;
S. 83: CC BY-SA 4.0 Dmitrismirnov; S. 100: CC BY-SA 3.0 / Fralac;
Autorenfoto: Uta Rauser
Druck und Bindung: Kösel GmbH & Co. KG,
Am Buchweg 1, 87452 Altusried-Krugzell
Printed in Germany 2020
RECLAM ist eine eingetragene Marke
der Philipp Reclam jun. GmbH & Co. KG, Stuttgart
ISBN 978-3-15-020557-0

Auch als E-Book erhältlich

www.reclam.de

Für mehr Informationen zur 100-Seiten-Reihe:
www.reclam.de/100Seiten

Inhalt

Weltkind voller Musik

Ludwig van Beethoven ist neunzehn, ein vielversprechender Geiger, Bratscher, Klavierspieler und Organist in der Hofkapelle des Kurfürsten in Bonn, da bricht in Paris der Sturm los. Die Französische Revolution prägt die Menschen des 19. Jahrhunderts wie die Oktoberrevolution von 1917 die des 20. Jahrhunderts. »Öffentlichkeit«, »Gesellschaft«, »Nation«, das gibt es erst ab 1789. Und »Sonate«, »Sinfonie«, »Scherzo« in der Form, wie wir sie heute kennen, gibt es erst seit Beethoven. Er war ein revolutionärer Komponist in einer vom Epochenwechsel erschütterten Zeit.

Der kleine Beethoven saß am Klavier, fast ehe er laufen konnte. Nur ganz am Anfang am Cembalo, dem Tasteninstrument des Barock; danach an einem der vielen, dem Cembalo klangnahen Clavichords, Tangentenflügel, Hammerklaviere. Ihre Saiten wurden von hölzernen Hämmern angeschlagen und nicht mehr mechanisch gezupft. In der rasanten Entwicklung des Klavierbaus war für Beethoven der zweite Großumbruch seiner Zeit greifbar: die industrielle Revolution.

Als er im Dezember 1770 zur Welt kam, lag Bach zwanzig Jahre unter der Erde. In Rom, ein halbes Jahr danach, nahm der pubertierende Mozart vom Papst den Orden eines »Ritter vom

Goldenen Sporn« entgegen. Goethe studierte Jura in Straß-
burg. Der 24-jährige Goya begann sich nach Beendigung seiner Studien als Maler in Madrid zu etablieren. In der Nähe
von Birmingham perfektionierte James Watt die Dampfma-
schine.

Beethoven komponierte nicht mehr wie Bach über tausend
Werke, das war mit den arbeitsaufwändigeren Kompositionen
seiner Zeit nicht mehr möglich. Er galt nicht als Wunderkind
wie Mozart. Anders als Goethe passte er in keine Hierarchie. Er
wurde nicht 82 Jahre alt wie Goya (der mit ihm die Erfahrung
der Gehörlosigkeit teilte) und war nicht wie der schottische
Erfinder Watt glücklich mit seiner Jugendliebe verheiratet. Er
blieb am Ende allein und sehnte sich nach einer Gefährtin.
Nur gehörte er wie seine großen Zeitgenossen zur Minderheit
schöpferischer Wesen, die – »Produkt und Werkzeug ihrer
Zeit« (Thomas Mann) – weltgeschichtliche Veränderungen mit
Werken begleiteten, die noch heute immer neue Menschen
erreichen und bewegen.

Ich muss so ungefähr zehn gewesen sein, da nahm mich
mein Vater zum ersten Mal mit ins Konzert. Man spielte Beethovens *Siebte*. Die Violinkonzerte von Bruch und Mendels-
sohn hörten wir bei uns zu Haus vielleicht nur deshalb auch
noch, weil sie auf die Rückseiten der Platten mit Beethoven-
und Mozart-Konzerten gepresst waren. Ich war längst an der
Uni, als ich zum ersten Mal die »Eroica« und die *Fünfte* hörte.
Die heiteren Naturszenen der »Pastorale«, besonders die Rufe
des Kuckuck, bereiteten mir Vergnügen. Schließlich kamen
»Mondscheinsonate« und »Pathétique« hinzu. Mein Beetho-
ven-Set bestand ausnahmslos aus Werken der frühen Wiener
Jahre Beethovens, viele nennen sie ihrer in der Tendenz monu-
mentalen Dynamik wegen die »heroische« Periode. Klassische

Ludwig van Beethoven. Stich nach einer Zeichnung von
Louis Letronne, 1815

Musik war bei uns vor allem Stimmungssache. Sie gehörte zu
den Dingen, die dem Leben die Aura von Kultur verschafften.
Beethoven, das war wie Goethe, Dürer oder Luther eine der
fast erdrückenden Ikonen dieser Kultur. Wirklich zugehört

habe ich erst, seitdem Beethoven für mich Teil der Geschichte des späten 18. und frühen 19. Jahrhunderts wurde. In seiner Musik hörte ich plötzlich den Elan des zu politischem Selbstbewusstsein erwachenden Bürgertums. Im langsamen Satz des *4. Klavierkonzerts* erlebte ich, wie ein Einzelner sich mit seiner Vorstellung davon, was richtig ist, gegen die Vielen durchsetzt, ein früher Beitrag zum Thema Individuum und Gesellschaft. Ich bemerkte erst jetzt: Beethoven hat auch herrliche Violinsonaten komponiert, etwa jene, die an den Frühling erinnert oder an den französischen Geigenvirtuosen Rodolphe Kreutzer; auch neuartige Kammermusik wie das »Erzherzog-Trio«, gewidmet dem Kaiserbruder und Beethovenschüler Rudolph von Österreich. Seit 1799 brachte er, beginnend mit den sechs Quartetten aus Opus 18, der musikalischen Zukunft bis an sein Lebensende immer radikaler zugewandte Streichquartette zur Welt. Und der letzte Satz der *9. Sinfonie* – er war mir immer zu laut, zu schrill und zu durcheinander – erschloss sich mir nun in dem Maß, als ich darin nicht nur Schillers heute kaum noch verständliches Pathos wiederfand, sondern auch den Elan der Musik französischer Revolutionsarmeen. Die resümierend wehmütige, insistierend gelassene Welt der letzten drei Klaviersonaten erreichte mich zuletzt. Und mit Beethovens einziger Oper *Fidelio* habe ich bis heute meine Probleme. Der *Missa solemnis* aber, Beethovens vermutlich am wenigsten erschlossenem, zu selten und noch seltener sinnvoll interpretiertem Werk – er hielt es selbst für sein größtes – werde ich staunend für den Rest meines Lebens auf der Spur bleiben.

Vom engen Bonn in geistige Welten

Kein Sonntagskind am Rhein

Beethoven lebt nicht mehr in Bonn, er ist seit fast zehn Jahren in Wien und längst berühmt, da lässt er sich aus seiner Heimatstadt ein nicht sehr großes, im Lauf der Zeit immer dunkler gewordenes Ölgemälde kommen. Es hängt von da bis an sein Lebensende an der Wand aller seiner Arbeitszimmer: der Großvater Louis van Beethoven. Der trägt denselben Vornamen wie sein Enkel, ist nach dessen Geburt der Taufpate und hat einen der zentralen Plätze in Ludwigs Seele.

Geboren in einer flämischen Bauern- und Handwerkerfamilie, hat er sich zum Solobassisten und Chorleiter in Löwen und Lüttich hochgearbeitet. Er ist einundzwanzig, da wird der Kölner Kurfürst und Erzbischof Clemens August auf ihn aufmerksam. Dessen Hof – die Bürger Kölns sind ihm allzu selbstbewusst – residiert in Bonn. Louis van Beethoven tritt als Solist in die kurfürstliche Kapelle ein. Er heiratet Maria Josepha Ball, lebt mit ihr in der Rheingasse 934.

Von den drei Kindern, die dem Paar geboren werden, überlebt das Kindesalter nur eines, Johann, der spätere Vater Beethovens. Großmutter Maria Josepha hat den Tod zweier ihrer Kinder offenbar nicht verwunden, sie ergibt sich dem Alkohol; der Großvater lässt sie irgendwann Mitte des Jahrhunderts in einem zu einer Aufbewahrungsanstalt umgewandelten Kölner Kloster verschwinden. Er ist knapp fünfzig, lebt alleinerziehend mit dem Sohn Johann, da befördert ihn 1761 der neue Kurfürst Maximilian Friedrich vom Gesangsolisten zum Hofkapellmeister. Von seiner Wohnung in der Rheingasse zieht er in die Bonngasse 386. Sohn Johann Beethoven zieht 1768, nachdem er gegen den Willen des verärgerten Vaters geheiratet hat, mit seiner Familie einige Häuser weiter ins Haus Bonngasse 515; heute trägt das Gebäude die Nummer 20 und beherbergt das Beethoven-Haus (das Bild des Großvaters hängt heute dort). In ihm wird Ludwig geboren.

Wie in der Musik wiederholen sich die Motive, unverändert oder in abgewandelter Form, auch in Familienromanen. So taucht die Trunksucht der Großmutter Beethovens in der nächsten Generation wieder auf. Ihr Sohn Johann wird den Erwartungen seines in Bonn so erfolgreichen Vaters nicht gerecht, auch er entwickelt im Lauf seines Lebens eine immer stärker werdende Neigung zum Alkohol. Er bringt es immerhin zum Tenoristen der Bonner Hofkapelle, ist in seinen besseren Zeiten ein angesehener Musiklehrer und versucht erfolglos, dem übergroßen Schatten des Vaters durch die eigenmächtige Heirat mit Maria Magdalena, der Tochter des kurfürstlich-trierschen Oberhofkochs Keverich aus Ehrenbreitstein, zu entkommen. Beethovens Großvater und Vater, ein weiteres Lebensmotiv dieser Familie, sind in ihren Ehen unglücklich. Beethoven selbst wird die Partnerwahl gänzlich misslingen. Auch er wird in abgewandelter Form einen Hang zum alleinigen Erziehen eines männlichen Familienmitglieds

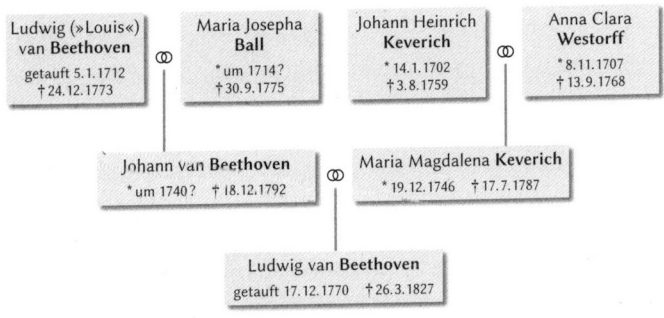

entwickeln. Er wird nie trunksüchtig sein, aber auch sein Verhältnis zum Alkohol wird ein nicht unerhebliches Restrisiko bergen.

Großvater Louis stirbt Weihnachten 1773. Sein ihn lebenslang verehrender Enkel kennt den Alten eher aus Erzählungen der Nachwelt. Irgendwann vor Ludwigs sechstem Geburtstag ziehen seine Eltern mit ihm und den beiden inzwischen zur Welt gekommenen Brüdern aus der Bonngasse, mit einer kurzen Zwischenstation im Dreieck 7, ins selbe Haus in der Rheingasse, in dem schon der Großvater wohnte. In den Räumen unter ihnen leben seit langem die Vermieter, der Bäcker Theodor Fischer und seine Familie. Bäckersohn Gottfried Fischer und seine Schwester Cäcilia haben sechzig Jahre später aus der Erinnerung viel zu erzählen, als die musikliebende Welt in den 1830er Jahren nach Bonn strömt, um über die frisch verstorbene Bonner Weltberühmtheit Ludwig van Beethoven alles zu erfahren. »Er lag eines Morgens im Fenster seines Schlafzimmers nach dem Hof zu«, heißt es da etwa über die Wesensart des kleinen Ludwig, »hatte den Kopf in beide Hände gelegt und sah ganz ernsthaft aus. Cäcilia Fischer kam über den Hof und rief: Wie siehts aus, Ludwig? Keine Antwort. Später fragte sie ihn, was das zu bedeuten gehabt hätte, keine Antwort sei ja auch eine Antwort. O nein, sagte er, entschuldige, ich war da in einen so tiefen schönen Gedanken versunken, dass ich mich gar nicht stören lassen konnte.«

Der Vater erteilt ihm früh schon Unterricht am Klavier, auf Geige und Bratsche. Das erscheint umso dringlicher, als der Kleine beim Lehrer Huppert in der Elementarschule und später in der Münsterschule nur das Notwendigste lernt, am besten wohl noch Lesen. Das Schreiben fällt ihm zeitlebens schwer; »ich schreibe lieber 10 000 Noten als einen Buchstaben«, heißt es in einem seiner Briefe. Und im Rechnen scheitert er, der später in vielen Meisterwerken eine Unzahl verschiedener Stimmen nach hochkomplizierten Regeln ganz neuartig koordiniert, an der einfachsten Multiplikation. Cäcilia Fischer will den Kleinen auf einem Bänkchen am Klavier stehen gesehen haben, Tränen in den Augen. War der Vater ungeduldig, war er streng oder gar gewalttätig? Immerhin erkannte er, dass die Begabung seines Sohnes bedeutender war, als die eigenen pädagogischen Fähigkeiten. Er zog Musikerkollegen wie den Hofsänger Tobias Pfeiffer hinzu. »Oft, wenn Pfeiffer mit Vater Beethoven spät aus dem Weinhause kam«, heißt es, »wurde der Knabe aus dem Bett geholt und bis zum Morgen am Clavier festgehalten, ein Verfahren, welches für seine Fortschritte in der Schule nicht eben vorteilhaft war.« Wirkliche Fortschritte macht der kleine Ludwig, als der Organist, Komponist und Dirigent Christian Gottlob Neefe ins Bonner Hoforchester eintritt und sein Lehrer wird. Neefe, 1748 in Chemnitz geboren, hat als Musikstudent die »Leipziger Schule« durchlaufen;

er macht seinen Schüler mit der damals selbst bei Berufsmusikern in Vergessenheit geratenen Musik Johann Sebastian Bachs (1685–1750) und seines, zu der Zeit berühmteren und eine damals aufregend moderne Musik komponierenden Sohnes Carl Philipp Emanuel (1714–1788) bekannt. Die Begabung des gerade ins Teenie-Alter hineinwachsenden Musikerkinds Beethoven erscheint Neefe so vielversprechend, dass er ihn in einer seiner Korrespondenzen in *Cramer's Magazin* vorstellt. Mozart (1756–1791), den er dabei als Maß aller Dinge erwähnt, hat im fernen Wien 1782 gerade seine *Entführung aus dem Serail* herausgebracht:

> Ludwig van Beethoven [...] ein Knabe von elf Jahren und von vielversprechendem Talent. Er spielt sehr fertig und mit Kraft das Klavier, liest gut vom Blatt, und um alles in einem zu sagen: Er spielt größtenteils das wohltemperierte Klavier von Bach, welches ihm Herr Neefe unter die Hände gegeben. Wer diese Sammlung von Präludien und Fugen durch alle Töne kennt (welche man fast das Nonplusultra nennen könnte), wird wissen, was das bedeutet. Herr Neefe hat ihm auch, sofern es seine übrigen Geschäfte erlaubten, einige Anleitung zum Generalbass gegeben. Jetzt übt er ihn in der Composition. [...] Dieses junge Genie verdiente Unterstützung, dass er reisen könnte. Er würde gewiss ein zweiter Wolfgang Amadeus Mozart werden, wenn er so fortschritte, wie er angefangen.

Seltsam die Altersangabe. Die Notiz erscheint im März 1783, da ist Beethoven dreizehn und nicht elf. Er hat sich, bis heute rätselhaft, noch spät im Leben und sogar gegen den Nachweis des ihm vorgelegten Taufschein-Originals zwei Jahre jünger gemacht. Aber selbst mit dreizehn ist er für die damalige Zeit ein ungewöhnlich junger Hofmusiker. Ab 1784 arbeitet er als Neefes Assistent an der Orgel und wird dafür mit 150 Gulden entlohnt. Er ist als Bratscher Teil der Hofkapelle. Wenn Neefe den Kapellmeister Lucchesi vertritt, ersetzt ihn Beethoven am Cembalo auch als musikalischer Leiter des Hoftheaters und legt durch permanentes Spiel aus der Partitur die Grundlage für seine später allseits bewunderte Fähigkeit, die schwierigsten Werke vom Blatt zu spielen.

Er ist sechzehn, da schickt man ihn, vielleicht Neefes Anregung folgend, zur Ausbildung bei Mozart nach Wien. Ob er dem in seiner Wohnung in der Großen Schulerstraße hinterm Stephansdom gerade den *Don Giovanni* vorbereitenden Maestro tatsächlich begegnet, ist unklar. Seinen Wienbesuch muss er schon nach zwei Wochen abbrechen, die Mutter in Bonn liegt mit Schwindsucht im Sterben. Ihr Tod wirft den offenbar ohnehin nicht sehr willensstarken Vater, der nun auch noch sein Instrument, die Stimme, zu verlieren beginnt, mehr und mehr aus der Bahn. Der Sohn, keine achtzehn Jahre alt, übernimmt als Oberhaupt und Ernährer die Verantwortung für die mutterlose Familie. Der Kurfürst, das ist seit 1784 der Habsburger Maximilian Franz, entspricht schließlich Ludwigs Bitte, seinem Vater nur noch die Hälfte des Gehalts auszuzahlen, die andere Hälfte dem künftig für seine beiden Brüder Kaspar Karl und Nikolaus Johann und den Vater verantwortlichen Sohn.

Die kleine Residenzstadt Bonn hat zu Beethovens Zeit etwa 9600 Einwohner. Sie ist einer der unzähligen kleinen Landesflicken im großen Teppich dessen, was seit dem Spätmittelalter »Heiliges Römisches Reich Deutscher Nation« heißt. Beethoven hat als Kind und Heranwachsender die Agonie der letzten Tage dieses Gebildes miterlebt.

Er wird in die Endzeit dessen hineingeboren, was wir »Barock« nennen. Die drei »Kurfürstensonaten« des Dreizehnjährigen sind angeregt von der Klaviermusik des in London lebenden Bachsohns Johann Christian, von der Mannheimer Schule und Wolfgang Mozart, sie lösen sich alle auf je eigene Art in dieser Zeit aus dem vorherrschenden Regelwerk. Beethoven widmet die Sonaten dem Kurfürsten Maximilian Friedrich (1708–1784), einem Barockherrscher, der sich den in Europa immer stärker verbreitenden Gedanken der Aufklärung öffnet. Er richtet in Bonn eine »Armenkommission« ein, sorgt für ein »Medizinalkollegium«, ein botanischer Garten wird eröffnet, die Schlossbibliothek bekommt ein öffentliches Lesezimmer, das Hoftheater steht den Gebildeten für einige Zeit kostenlos offen. Finanziell ermöglicht werden diese Maßnahmen nicht zuletzt durch die mit Auflösung des Jesuitenordens 1773 frei werdenden Mittel. In bewusster Abgrenzung zur fundamentalistisch-katholischen Kölner Universität sorgt der Premierminister des Kurfürstentums, Caspar Anton von Belderbusch, 1777 für eine Bonner Akademie. Maximilian Franz, der Nachfolger Max Friedrichs macht sie 1786 zur Universität. Beethoven besucht Vorlesungen wie die des Literaturprofessors Eulogius Schneider. In dessen Gedichten, 1790 gedruckt, Beethoven ist einer der Subskribenten, finden sich Verse, radikal wie der Epochenbruch, den der Sturm der Bevölkerung auf die Bastille, das Pariser Stadtgefängnis, am 14. Juli 1789 auslöst.

> Gefallen ist des Despotismus Kette,
> Beglücktes Volk von deiner Hand!
> Der Fürsten Thron wird dir zur Freiheitsstätte,
> das Königreich zum Vaterland.

»Vaterland«, das ist für den jungen Beethoven und die wachsende Zahl seiner Bonner Freunde und Kollegen angesichts des dahinsiechenden, ethnisch und geografisch zerstückelten und nie zum Staat gewordenen »deutsch-römischen« Großreichs, in dem sie leben, eine politische Vision. Die Eliten der Zeit sprechen französisch, in der Oper wird italienisch gesungen, das Deutsche ist Medium und Vehikel für die ersehnte staatliche Einheit, im deutschen Sprachraum auch das Idiom der Aufklärung. Maximilian Franz fördert nach dem Vorbild seines Bruders, des aufgeklärt despotischen Wiener Kaisers Josef II., in diesem Sinn mit der Gründung eines Nationaltheaters 1788 auch in Bonn die deutsche Bühnenkunst. Seit Lessing, Herder, Schiller, Goethe und für Musikfreunde besonders seit Mozarts »deutschem Singspiel« von der *Entführung aus dem Serail* (in Bonn schon 1783 erstmals gegeben) hat sich das Deutsche in dieser Zeit intensiv entwickelt. In Beethovens einziger Oper *Fidelio* wird zwanzig Jahre später deutsch gesungen, sie beginnt als Singspiel.

Auf Initiative Belderbuschs, er ist auch Intendant des Theaters, kommen in Bonn schon 1782 Schillers *Räuber* auf die Bühne, 1783 die Uraufführung des *Fiesco*, für damalige Verhältnisse rebellische, ja revolutionäre Stücke. Der zwölfjährige Ludwig wird sie kaum gesehen, aber die Aufregung mitbe-

- ◆ 3 Klaviersonaten Es, f, D »Kurfürstensonaten« WoO 47 (1783)
- ◆ 3 Klavierquartette Es, D, C WoO 36 (1785)
- ◆ Trio für Klavier, Flöte, Fagott G WoO 37 (1786)

kommen haben, die sie im Geistesleben der kleinen Residenz-stadt am Rhein auslösten. Die aufregenden Gedanken, denen der seine bescheidene Grundschulbildung von nun an ganz im Sinn der Aufklärung ständig ergänzende und ausbauende Jüngling in Bonn erstmals begegnet, lassen ihn nicht mehr los; er entwickelt einen lebenslangen Bildungsbärenhunger.

Die Französische Revolution, deren Zeitgenosse der 19-jährige Beethoven ist, ist kein Regime-, sondern ein Systemwechsel. Sie ersetzt die Herrschaft einer überlebten Klasse durch die einer aufstrebenden, mit der ungeheuren Dynamik einer neuartigen Ökonomie verbundenen Klasse. Ihre seit langem in der Luft Europas liegenden Ideen von Freiheit, Gleichheit, Brüderlichkeit, ihre politischen Vorstellungen von einer zentralstaatlichen Nation, von Republik und aus der Antike auferstandener Demokratie entflammen die Köpfe auch in Bonn. Aufklärung, das heißt, zu fragen, statt hinzunehmen, heißt, dem Gegebenen seine selbstbehauptete Alternativlosigkeit zu nehmen, die Welt zu erforschen, auf den Begriff zu bringen und selbst in die Hand zu nehmen. Nach Kants berühmten Worten ist Aufklärung »der Ausgang des Menschen aus seiner selbst verschuldeten Unmündigkeit«. »Sapere aude!«, lautet die Parole: Habe den Mut, dich ohne Einflüsterungen von außen deines Verstandes zu bedienen. In den Worten des Dichters Friedrich Hölderlin, im selben Jahr geboren wie Beethoven: »Komm ins Offene, Freund!«

Ludwig van Beethoven. Miniatur
von Christian Hornemann, 1803

Was immer der mit einem Minimum an Bildung ins geistige Leben gestartete Beethoven von Kant, dem Philosophen der
Aufklärung, gelesen und verstanden hat: Radikal wie wenige
seiner Zeitgenossen beginnt er, dessen Kerngedanken zu leben: Der Mensch ist kein ›Geschöpf‹ mehr, sondern Prometheus' Kind, der kritisch sich selbst bewusste und reflektierende ›Schöpfer‹ seines Lebens. »Der bestirnte Himmel über uns«,
schreibt der ältere Beethoven in eines seiner Konversations-
hefte, »und das Sittengesetz in uns, Kant!!!« An der Seite der
Berechnungen des Franzosen Pierre-Simon Laplace gilt Kants
Theorie von der Entstehung der Planeten und des All in der
Astronomie bis heute; Beethoven hat die *Allgemeine Naturge-*

schichte und Theorie des Himmels (1755) wohl als einzige von Kants Schriften definitiv gelesen und sich in seinem Tagebuch Stellen herausgeschrieben. Kant entzaubert den Himmel, die katholische Kirche setzt ihn auf den Index, der Adel verachtet ihn. Der Musikschriftsteller Guiseppe Carpani nennt Beethoven in seiner Haydn-Biografie von 1823 den »Kant der Musik« (Franz Michael Maier).

> Tor, wer die Augen blinzelnd dorthin richtet,
> Sich über Wolken seinesgleichen dichtet;
> Er stehe fest und sehe hier sich um;
> Dem Tüchtigen ist diese Welt nicht stumm.
> Was braucht er in die Ewigkeit zu schweifen!
> Was er erkennt, lässt sich ergreifen.

So Goethes Faust, die Epoche machenden Gedanken in Poesie verwandelnd. Gott wird vom geistigen Körperteil zur mehr oder minder frei gewählten Weltanschauung, vom Dogma zur offenen Frage. Beethoven, wie alle Geistesmenschen dieser Zeit, befasst sich intensiv mit orientalischer, fernöstlicher Dichtung. Die Welt, so ein Eintrag in seinem Tagebuch, ist entstanden durch den »Zusammenlaut der Atome des Akkords«. Worte wie »unwandelbarer Ursprung« kritzelt er in sein Büchlein. Es fällt schwer, hinter der von der Wissenschaft täglich überzeugender beschriebenen, unfassbar harmonischen Einrichtung des – leider nicht unberührbaren – Akkords der Natur keine wie immer geartete höhere Vernunft zu vermuten. Felix Mendelssohns Vater, sechs Jahre jünger als Beethoven, bringt es in einem Brief an seine Tochter Fanny auf den Punkt:

Ob Gott ist? Was Gott sei? Ob ein Teil unserer Selbst ewig sei und, nachdem der andere Teil vergangen, fortlebe? und wo? und wie? – Alles das weiß ich nicht und habe Dich deswegen nie etwas darüber gelehrt. Allein ich weiß, dass es in mir und in Dir und in allen Menschen einen ewigen Hang zu allem Guten, Wahren und Rechten und ein Gewissen gibt, welches uns mahnt und leitet, wenn wir uns davon entfernen. Ich weiß es, ich glaube daran, lebe in diesem Glauben und er ist meine Religion.

Die Aufklärung wird in der französischen Revolution zur materiellen Gewalt. Die tausendjährige Lufthoheit der Religion über die Köpfe und Herzen Europas erodiert. »Man war vielleicht bisher gewohnt, unter Köln sich ein Land der Finsternis zu denken, in dem die Aufklärung noch keinen Fuß gefasst«, schreibt ein Zeitgenosse nach einem Besuch. »Köln«, das ist das Kurfürstentum mit seiner Residenz Bonn. »Man wird aber ganz anderer Meinung, wenn man an den Hof des Kurfürsten kommt. Besonders an den Kapellisten fand ich ganz aufgeklärte, gesund denkende Männer.« Die Mitglieder der offensichtlich exzellenten Bonner Hofkapelle, unter ihnen so namhafte Musiker wie der Flötist Antonin Reicha, der Hornist und nachmalige Verleger Nikolaus Simrock und der Geiger Franz Anton Ries, sind die Ersten, die das berufliche Selbstbewusstsein ihres ehrgeizigen jungen Orchesterkollegen stärken. Sie bewundern ihn für sein virtuos phantasievolles Klavierspiel; es wird von Zeitgenossen als kraftvoll, brillant und besonders ausdrucksstark, von auf den eher geschmeidig süßen Zeitgeschmack orientierten Anderen als »grob« und »rauh« beschrieben.

In Gesellschaft wappnet er sich mit oft schroffem Selbstbewusstsein. Aber tief innen ist er timide und allein. Die Kind-

heit war kein Honigschlecken. Die Schulbildung unvollkom-
men. Der Vater keine Stütze, eher ein Sorgenkind. Jung und
unbeschwert? Sind vielleicht andere. Halt, Trost, Schutz und
einen Lebenssinn findet er in der Musik. Da merkt er, dass es
lohnt, sich zu schinden und mit sich zu kämpfen für die beste
Lösung, Stärke zu entwickeln und eine Überlegenheit, die
nichts mit Herrschaft zu tun hat, aber mit Guttun. Er spürt,
dass seine Art zu musizieren andere rührt und aufregt, das tut
gut. Die anderen tun ihm gut. Und er hat etwas zurückzuge-
ben, die Musik ist gut für ihn, er beherrscht sie. In ihr darf er im
schönsten und besten Sinn heftig und ungezügelt sein. Nichts
ist da glatt. Auch die Perfektion seiner Werke, ihre Vollkom-
menheit, wenn er gereift sein wird, wird nicht glatt sein. Das
Krude, Ungebärdige erlöst in seiner Musik nur ganz erstaunliche Energien. Und fügt sich zu immer neuen Gestalten von
bis dahin ungekannter Schönheit und einer Tiefe und Süße,
der die Dunkelheiten und Schmerzen der Kindheit und Jugend kaum anzumerken sind. Ein unfassbar richtiges Maß findet er nur in der Musik. Sein Wesen wird in vielem auf hilflose
Art maßlos bleiben – Gott und Weltkind in einem.

Geselligkeit

Wo man Beethoven in den letzten Bonner Jahren am ehesten
findet? Im »Zehrgarten« am Markt 8. Hier trinkt der junge
Künstler seinen Wein, man kann dort Kleinigkeiten essen; in
Gestalt einer kleinen Buchhandlung hat die Witwe und Wir-
tin Anna Maria Koch im intellektuellen Mittelpunkt Bonns
auch für geistige Wegzehrung gesorgt. Die Studenten der neu
gegründeten Universität verkehren hier, Professoren, radikale

Intellektuelle wie Neefe und Eulogius Schneider. Ein Umschlagplatz kritisch dissidentieller Ideen, Beethoven saugt sie auf wie ein Schwamm. Und findet dort noch etwas, für das er ein Leben lang brennt: das schöne Geschlecht. Anna Barbara Koch, genannt Babette, eine der beiden Töchter des Hauses, ist ein Jahr jünger als er. Das hübscheste Mädchen der Stadt. Kaum wohl ist er ihr nahegekommen. Aber nahegegangen ist sie ihm. Er wohnt schon ein Jahr in Wien, da schreibt er in einem Brief an eine der Hauptfiguren seines zurückbleibenden Bonner Freundeskreises, Eleonore von Breuning: »Sollten sie die B. Koch sehen, so bitte ich Sie, ihr zu sagen, dass es nicht schön sei von ihr, mir gar nicht einmal zu schreiben. Ich habe doch zwei Mal geschrieben.« Eleonore von Breuning ist befreundet mit der schönen Wirtstochter. Helene von Breuning, ihre Mutter, ist eine weitere dieser für Beethoven segensreichen Bonner Witwen. Sie ist in den Vierzigern, Mutter vierer Kinder, alle wenig jünger als Beethoven, der zwei von ihnen auf dem Klavier unterrichtet, und ihr geht offenbar schnell auf, mit welch ungeschliffenem Juwel sie es da zu tun hat. Für den jungen Mann aus ärmlichen Verhältnissen ein Volltreffer. Denn sie durchschaut und behütet ihn nicht nur mit ersatzmütterlicher Liebe. Sie und ihre Kinder nehmen den nicht ganz einfachen Jungen mit den wild funkelnden dunklen Augen und den schwarzen Locken von Herzen in ihre Familie auf. Er übernachtet öfter in dem eleganten Haus, das an drei Seiten einen gärtnergepflegten kleinen Vorgarten umfasst. Der Sohn Stephan von Breuning schließt lebenslang Freundschaft mit Ludwig; die Tochter Eleonore (»Lorchen«) heiratet zwar Beethovens Bonner Busenfreund, den Arzt Franz Gerhard Wegeler, bleibt ihrem Klavierlehrer aber als gute Freundin zeitlebens verbunden.

- ◆ Kantate auf den Tod Josephs II. WoO 87 **(1790)**
- ◆ Kantate auf die Erhebung Leopolds II. WoO 88 **(1790)**
- ◆ Musik zu einem Ritterballett WoO 1 **(1790/91)**
- ◆ 24 Variationen für Klavier über »Venni Amore« D WoO 65 **(1790/91)**
- ◆ 12 Variationen für Klavier und Violine über »Se vuol ballare« aus Mozarts *Le nozze di Figaro* F WoO 40 **(1792/93)**

Die Breunings gehören zur Oberschicht. Sie führen Ludwig in ihre Kreise ein und statten ihn mit den nötigen Umgangsformen aus. Beethoven begegnet bei ihnen Menschen wie dem vor kurzem aus Wien nach Bonn gekommenen, nur acht Jahre älteren Grafen Ferdinand Waldstein; der hat im Burgtheater die Uraufführung von *Figaro* und *Cosi fan tutte* besucht, er kennt Mozart persönlich, versteht etwas von Musik und ist neben Neefe wohl der Erste, der Beethovens Potenzial wirklich erfasst und fördert. Beethoven komponiert ein Ritterballett für ihn; es wird mit Zustimmung des Komponisten als Werk Waldsteins aufgeführt.

In den von Wohlhabenheit und Kultur durchfluteten, gastlichen Räumen der von Breunings könnten Beethovens frühe Klavierquartette gespielt und beklatscht worden sein; man hört seine Lieder und die von ihm selbst besonders geschätzten Variationszyklen. Er »fantasirt« am Klavier, ist von Anfang an berühmt für die zu seiner Zeit für alle Musiker üblichen Improvisationen. Dem jungen Freund des Hauses steht die Breuningsche Bibliothek offen; er verschlingt Schiller, Lessing, Herder, Goethe, Klopstock, in Übersetzungen auch griechische Klassiker und Shakespeare. Ihm geht eine Welt auf. Er vertont manches von dem, was er liest. »Wer ist ein freier Mann?«, fragt da rhetorisch ein Text Gottlieb Konrad Pfeffels, den Beethoven vielleicht wegen seines jakobinisch gewendeten Kantianertums in WoO 117 in Musik setzt. Die Antwort: »Der, dem nur eigener Wille / und keines Zwingherrn Grille / Gesetze geben kann!« Es ist Eulogius Schneider, der ihm solche Reime besorgt. Namens der Bonner Lesegesellschaft beauftragt der Professor seinen jungen Freund und Hörer mit einer Kantate auf den verehrten, 1790 gestorbenen Kaiser Joseph. Es entsteht eine umfangreiche Komposition für Solosänger, Chor und Orchester. In den freimaurerischen Allegorien der Aufklärung wird da der von Kaiser Joseph beförderte Sieg des Lichts über die Finsternis besungen (Mozart hat wenig später in der *Zauberflöte*, kunstvoll sublimiert, ein Fragezeichen hinter Siege einer »Weisheit« gesetzt, die auf Sklaverei basiert). Wie viel Beethoven Befreiungen bedeuten, aber auch, wie außerordentlich gut sein Gedächtnis funktioniert und wie ökonomisch er mit seinen sicher nicht wenigen Einfällen umgeht, wird deutlich, wenn man die schöne Sopranmelodie »Da stiegen die Menschen, die Menschen ans Licht« in der josephinischen Trauerkantate WoO 87 von 1790 mit dem Moment in Beethovens *Leonore* von 1805 (dem späteren *Fidelio*) vergleicht, da Leonore nach langem Kampf ihrem eingekerkerten Mann mit den Worten »Welch' ein Augenblick!« die Ketten abnimmt. Nicht nur die Tonart F-Dur ist identisch.

Obwohl gerade die Sopranarie mit Chor künftig Großes ahnen lässt, ist die Trauerkantate insgesamt noch nicht der große Wurf. Aber als Joseph Haydn auf dem Rückweg von seiner ersten Londonreise 1792 Station in Bonn macht – der ihn begleitende Londoner Konzertunternehmer Johann Peter Salomon ist gebürtiger Bonner, seine Familie lebte im 2. Stock schräg gegenüber den Beethovens in der Bonngasse –, geben die Musiker der Hofkapelle ihm zu Ehren in Bad Godesberg ein Frühstück. Haydn trägt sich ins Gästebuch der Lesegesellschaft ein. Man reicht ihm Beethovens Kantate (vielleicht der Urheber selbst), und Haydn zeigt sich so angetan, dass er in den Vorschlag einwilligt, das junge Bonner Großtalent demnächst in Wien zu unterrichten. Vermutlich Graf Waldstein, der Liebling des Regenten, sorgt für kurfürstliche Finanzierung. Beethoven packt seine Sachen und reist um den 2. November 1792 herum auf der Postroute über Frankfurt, Nürnberg, Regensburg, Passau und Linz nach Wien, das er am 10. November erreicht. Er sieht seine Heimatstadt nie wieder.

Erste Schritte, erste Schnitte

Musikstadt an der Donau

Er ist kein Niemand, als er in Wien ankommt. Die Stadt mit ihren um die 300 000 Einwohnern muss ihm riesig erschienen sein. Sie ist neben London und Paris die Musikstadt des damaligen Europa, ein Ort, wo ein junger Musiker – am Ende des 18. Jahrhunderts ist das in der Regel ein komponierender Solist – sein Glück machen kann. Noch ist sie umringt von mittelalterlichen Befestigungsanlagen, Napoleon wird 1809 Teile davon sprengen lassen. Die Gassen sind eng, es ist noch das barocke Wien Mozarts. Beethovens erstes Quartier: Ein »Zimmer auf der Erden« unterm Dach. Sieben Gulden Miete. Er muss sparen. Eine neue Perücke wird gekauft, seidene Winterstrümpfe, Brennholz, ein Überrock. In der *Wiener Zeitung* sucht er in Anzeigen »zu verkaufende Klaviere«. Er notiert sich die Adresse eines Tanzmeisters im Stoff am Himmel Nr. 415 (das Tanzen hat er im Leben nicht gelernt). All das weiß man aus dem kleinen Tagebuch, das er in dieser Zeit führt. Was er nicht hinein schreibt und auch sonst nirgends erwähnt: Der Vater stirbt am 18. Dezember.

Ludwig ist formell immer noch Bonner Hoforganist und Clavecinist, als er an die Donau kommt. Sein Dienstherr Maximilian Franz ist der Onkel des seit 1792 in Wien amtierenden »deutschen Kaisers« Franz II., ein trockener, pedantischer, machtbewusster Mensch, notorischer Streichquartettspieler. Beethoven interessiert ihn nicht. Der Kaiseronkel in Bonn hält Verbindung zur alten Heimat und die alte Heimat zu ihm. So geht dem jungen Virtuosen und hoffnungsvollen rheinischen Komponisten in Wien ein guter Ruf voraus. Er ist Meisterschüler beim alten Joseph Haydn, der seit der Entlassung aus dreißigjährigem Eisenstädter Dienst eine Institution des Wiener Musiklebens ist; und er wird gefördert vom Grafen Waldstein, einem Spross des österreichischen Hochadels. Wenn Beethoven sein Leben lang die Fähigkeit besitzt, überall Anschluss, gute Freunde und berufliche Anknüpfungspunkte zu finden: In Wien ist alles schon da.

Ganz so idyllisch, wie es scheinen mag, gestaltet sich Beethovens Wiener Leben nun allerdings nicht. Die Aristokratie lebt zwar immer noch traditionell steuerfrei auf großem Fuß. Aber an ihrer Haupteinnahmequelle, den Gütern, die sie selten selbst und noch seltener gewinnträchtig verwaltet, nagt bereits die Inflation. Denn der Türken-Krieg des verstorbenen Kaisers Joseph hatte 1788 nicht nur die Einnahmen Mozarts dramatisch begrenzt, er hat den Staat Geld gekostet; die »Koalitionskriege« der alten Mächte gegen das revolutionäre Frankreich kosten noch viel mehr. Kaiser Franz lässt es drucken, und die Leute gewöhnen sich schnell an die Flut der in Österreich erst seit 1762 üblichen Banknoten, der »Bancozettel«. Wenn die Fürsten Lobkowitz, Auersperg oder Kinsky sich noch ein privates Hoforchester leisten, dann unter oft bereits leichtsinniger Anspannung ihrer ökonomischen Möglichkeiten. Baron

Wie ein Schüler seinen Lehrer sah.
Carl Czerny über Beethoven

»Zehn Jahr war ich ungefähr alt, als ich durch Krumpholz
zum Beethoven geführt wurde. Wie freute und fürchtete
ich mich des Tages, wo ich den bewunderten Meister
sehen sollte! Noch heute schwebt mir jener Augenblick
lebhaft im Gedächtnis. An einem Wintertage wanderte[n]
mein Vater, Krumpholz und ich aus der Leopoldstadt wo
wir stets noch wohnten in die Stadt, in den sogenannten
tiefen Graben, eine Straße, stiegen turmhoch bis in den
5ten oder 6ten Stock, wo uns ein ziemlich unsauber
aussehender Bediente[r] beim Beethoven meldete und
dann einließ. Ein sehr wüst aussehendes Zimmer, überall
Papiere und Kleidungsstücke verstreut, einige Koffer,
kahle Wände, kaum ein Stuhl, ausgenommen der wackeln-
de beim Walterschen Fortepiano (damals die besten) [...].
Beethoven selber war in eine Jacke von langhaarigem
dunkelgrauen Zeuge und gleichen Beinkleidern gekleidet,
so dass er mich gleich an die Abbildung des Campe'schen
Robinson Crusoe erinnerte, den ich damals eben las.
Das pechschwarze Haar sträubte sich zottig (à la Titus
geschnitten) um seinen Kopf. Der seit einigen Tagen nicht
rasierte Bart schwärzte den untern Teil seines Gesichts
noch dunkler. Auch bemerkte ich sogleich mit dem bei
Kindern gewöhnlichen Schnellblick, dass er in beiden
Ohren Baumwolle hatte, welche in eine gelbe Flüssigkeit
getaucht schien.«

van Swieten trägt die Kosten der von ihm organisierten, von den führenden Musikern und Liebhabern der Stadt favorisierten Konzerte nicht selbst. Er steht einer von ihm gegründeten Gesellschaft aus Mitgliedern des Hochadels vor, die in Soireen in ihren Stadtpalais, manchmal auch mittags im großen Prunksaal der Hofbibliothek – van Swieten ist auch dort der Chef – reihum musikalische Akademien veranstalten. Van Swieten war habsburgischer Diplomat am Berliner preußischen Hof; er hat die Partituren Johann Sebastian Bachs, auch die stürmend drängenden seines Ältesten, Carl Philipp Emanuel, und die Oratorien Händels nach Wien mitgebracht. Haydn, Mozart und nun auch Beethoven nehmen sie hocherfreut in sich auf. Der alte Baron fördert den Neuling nicht ganz uneigennützig; er lässt sich von ihm in seinem Haus in der Renngasse bis spät in die Nacht Bach'sche Fugen vorspielen. In Beethovens Nachlass findet sich ein Briefchen:

Wenn Sie künftigen Mittwoch nicht verhindert sind, so wünsche ich Sie um halb neun Uhr abends mit der Schlafhaube im Sack bei mir zu sehen. Geben Sie mir unverzüglich Antwort.   Swieten

Seit Mozart, da ist sich Wiens Crème de la Crème sicher, hat es in der Donaumetropole keinen solchen Klavierspieler gegeben. Wie die Gladiatoren treten die Virtuosen gegeneinander an. Der Pianist Joseph Gelinek ist für sein herausragendes Improvisationstalent fast berühmter als Beethoven. Dessen späterer Schüler Carl Czerny, berüchtigt nicht nur für seine Klavierschule, brauchbar auch wegen seiner biografischen Notizen über Beethoven, berichtet:

Ich erinnere mich noch jetzt, als eines Tages Gelinek meinem Vater erzählte, er sei für den Abend in einer Gesellschaft geladen, wo er mit einem fremden Klavieristen eine Lanze brechen sollte: »Den wollen wir zusammenhauen«, fügte Gelinek hinzu. Den folgenden Tag fragte mein Vater den Gelinek, wie denn der gestrige Tag ausgefallen sei: »Oh«, sagte Gelinek ganz niedergeschlagen, »an den gestrigen Tag werde ich denken. In dem jungen Menschen steckt der Satan. Nie habe ich so spielen gehört! Er fantasierte auf ein von mir gegebenes Thema, wie ich selbst Mozart nie fantasieren gehört habe. Dann spielte er eigene Kompositionen, die im höchsten Grade wunderbar und großartig sind, und er bringt auf dem Klavier Schwierigkeiten und Effekte hervor, von denen wir uns nie haben etwas träumen lassen.«

Man reicht Beethoven in den 1790er Jahren herum. Er fühlt sich in den die Musik kultivierenden Wiener Adelshäusern bald wie zu Hause, ja er wohnt auf Einladung des Fürsten Karl von Lichnowsky und seiner Frau Christiane in der Alsergasse 45 für einige Zeit bald selbst in einem dieser Häuser. Aber Beethoven ist ein Bürgerkind. Bei allem Erfolg in der Wiener Aristokratie fühlt er sich wirklich wohl doch mehr unter seinesgleichen. Er hat Helfer und Freunde wie seinen Klavierschüler Ferdinand Ries (1784–1838), Sohn des Bonner Hoforchesterkollegen Franz Anton Ries. Den Freund Carl Amenda (1777–1836) lernt er bei Constanze Mozart kennen, deren Kinder Amenda unterrichtet, wenn er nicht als Vorleser beim Fürsten Lobkowitz arbeitet. Er steht Beethovens Herzen extrem nah, auch wenn er Wien schon nach zwei Jahren auf immer verlässt.

- Oktett für Bläser Es op. 103 **(um 1792/93)**
- Klavierkonzert Nr. 1 C op. 15 **(1793–95)**
- 3 Trios für Klavier, Violine, Violincello Es, G, c op. 1 **(1794/95)**
- 3 Klaviersonaten f, A, C op. 2 **(1794/95)**

Beide Brüder folgen Beethoven nach Wien. Der ältere, Kaspar Karl (1774–1814), findet sein Auskommen als Musiklehrer; er dient dem großen Bruder, nicht immer glücklich, als Sekretär; später besorgt ihm Ludwig eine Stelle als Beamter bei der Staatsschulden-Hauptkasse. Der jüngere, Nikolaus Johann (1776–1848), hatte sich schon in Bonn in Richtung Pharmazie orientiert. 1808 eröffnet er in Linz eine Apotheke; er wird durch trickreiche Finanzspekulationen auf den französischen Krieg zum reichen Mann. Die für Beethovens Befindlichkeit immer wichtige Bonner Luft an der Donau bringt Stephan von Breuning mit, der sich 1801 für immer in Wien niederlässt. Er arbeitet als Hofkriegsrat an der Spitze des vom Kaiserbruder Karl geleiteten Kriegsministeriums. Beethoven ist durch ihn mit den aktuellen Insiderinformationen aus Hofleben und Politik versorgt. 1806 wird Breuning das Libretto der *Leonore* bearbeiten und bis an sein Lebensende, wenn auch streitbedingt nicht ohne jahrelange Unterbrechungen, ein treuer Freund sein (ihm ist das *Violinkonzert op. 61* gewidmet). Franz Gerhard Wegeler flieht, inzwischen Medizinprofessor an der Bonner Universität, 1794 vor den das Rheinland besetzenden Franzosen nach Wien und kehrt 1796 in das bis 1814 französisch beherrschte Bonn zurück. Er wird, später von Koblenz aus, zu einem von Beethovens wichtigsten Briefpartnern.

Graf Waldstein hatte es getroffen mit seiner Widmung in Beethovens Stammbuch vor der Abreise aus Bonn: »Durch ununterbrochenen Fleiß«, stand da, »erhalten Sie Mozarts Geist aus Haydns Händen.« »Ununterbrochenen Fleiß«, das klingt nach Mahnung und zugleich Hinweis darauf, dass der Graf – von ihm verliert sich später in Beethovens Leben die Spur – einen tragenden Teil des Wesens seines Protegé erfasst.

Wenn Händel sechzig Jahre zuvor in London das Oratorium verbürgerlicht und Christoph Willibald Gluck zur selben Zeit in Paris die Oper reformiert, dann ist es in Österreich nun Joseph Haydn (1732–1809), der der europäischen Instrumentalmusik nach Form und Klang grundlegend neue Perspektiven eröffnet. Mozart, vierundzwanzig Jahre jünger als Haydn, begegnet dem Kollegen spätestens mit seinen sechs Haydn gewidmeten Streichquartetten (»Al mio caro amico«) als gleichrangiger Freund.

Beethoven trifft in Wien überall auf Menschen, deren Mozarterlebnis noch frisch ist. Er studiert Mozarts Partituren. Sein Unterricht bei Haydn beginnt laut Tagebuch gleich nach der Ankunft in Wien. Beethoven ist pünktlich und wissbegierig. Er bringt dem Meister Schokolade und Kaffee mit, obgleich er sichtlich auf kleinem Fuß lebt, denn er muss zu dieser Zeit noch die beiden in Bonn lebenden Brüder versorgen. Haydn, nicht wenig stolz auf seinen Schüler, wünscht, dass der ihn, wie es üblich ist, auf den Titelblättern der im Druck erscheinenden Beethoven-Kompositionen als seinen Lehrer nennt. Der Schüler weigert sich. Er hat, nicht nur zum Komponieren, seinen eigenen Kopf, er will nicht, er ist der Urheber.

- ◆ Trio für Violine, Viola, Violincello Es op. 3 **(1794/95)**
- ◆ Klavierkonzert Nr. 2 B op. 19 **(1794/95)**
- ◆ Rondo für Klavier G op. 129 (»Die Wut über den verlorenen Groschen«) **(1795)**
- ◆ Lied »Adelaide« op. 46 **(1794–96)**
- ◆ Streichquintett Es op. 4 **(1795)**
- ◆ Trio für zwei Oboen und Englischhorn C op. 87 **(um 1795)**

Beethoven bemerkt, dass Haydn die Kontrapunkt-Studien, die er ihm aufgibt, etwas nachlässig korrigiert. Heimlich lässt er den Komponisten Johann Schenk Haydns Korrekturen korrigieren. Das ist im Sommer 1793. Als Haydn ein Jahr darauf zum zweiten Mal nach London reist, übergibt er seinen Meisterschüler dem in Wien zu der Zeit führenden Kontrapunktlehrer Johann Georg Albrechtsberger. »Er wird nie etwas Ordentliches machen«, sagt der bald über Beethoven, ärgerlich über dessen Unfähigkeit, etwas ohne Widerstand anzunehmen. Alle Wiener Lehrer Beethovens – Haydn, Schenk, Albrechtsberger und zuletzt noch der aus Mozarts Leben bekannte, 1793 nur mehr mit der kaiserlichen Kirchenmusik betraute ehemalige Hofopern-Direktor Antonio Salieri – sind sich einig: Beethoven kann enorm viel, aber er ist allzu »eigensinnig und selbstwollend«, man hat es nicht leicht mit ihm.

Im Tagebuch dieser Zeit steht: »Schuppanzigh 3 mal die Woche.« Beethoven nimmt Geigenunterricht bei Ignaz Schuppanzigh, dem erst 16 Jahre alten Primarius des aus lauter Teenagern bestehenden Streichquartett im Haus des Fürsten Lichnowsky. Dort ist jeden Freitagvormittag Matinee. Bevor Haydn im August 1794 seine Londonreise antritt, besucht er eine von diesen Veranstaltungen. Schuppanzigh, der Cellist Nikolaus Kraft und der Komponist am Hammerflügel stellen Beethovens drei neue *Trios op. 1* vor. Alles schaut auf Haydn. Wie wird er urteilen? Der Meister ist beeindruckt, lobt gutmütig. Nur das dritte Trio ist ihm zu schwierig, zu garstig. Er bezweifelt, dass es verstanden wird und rät Beethoven von einer Veröffentlichung ab. Als Haydn im Januar 1795 aus England zurückkehrt, sind die drei Trios bei Artaria in Wien erschienen. Gewidmet dem Fürsten Lichnowsky. Kein Lehrer Haydn auf dem Titel, und das *Trio c-Moll op. 1 Nr. 3* ist dabei. Es kommt beim Publikum sogar am besten an. Haydn ist verwundert. Erstaunliche 241 adelige und nichtadelige Subskribenten, mehrheitlich aus dem Ausland, kaufen die Noten für einen Dukaten, das sind etwa viereinhalb Gulden pro Exemplar. Ein Gulden geht vertragsgemäß an den Verleger. Beethoven verdient an seiner ersten bemerkenswerten Veröffentlichung 843 Gulden – ein gutes Geschäft, legt man als Maßstab die 7 Gulden Monatsmiete an, die sein erstes Wiener Quartier kostete. Haydn verfolgt Beethovens weiteren Weg mit freundlicher Ironie, und Beethoven widmet seinem Lehrer die drei *Klaviersonaten op. 2*; er weiß, was sich gehört und wen er da aus nächster Nähe miterleben darf. Aber eine harmonische Beziehung stellt sich nicht mehr her. Dem verstorbenen Altmeister und seinem Schaffen bringt der ehemalige Schüler größte und ungeteilte Hochachtung entgegen.

Per aspera ad astra –
der Markt schafft eine neue Welt

Etwas bereitet sich vor

Während sich Beethoven in Wien durchsetzt, erwehrt sich jenseits des Rheins die eben proklamierte französische Republik mithilfe zuletzt revolutionären Terrors ihrer ausländischen wie inländischen Todfeinde. Im Frühjahr 1796, als der Komponist sich zusammen mit dem Fürsten Lichnowsky auf eine Reise nach Prag und Berlin begibt, sind die überall in Frankreich stehenden Heere der auf Revision der alten Machtverhältnisse drängenden Monarchien Europas sowie des konstitutionellen britischen Konkurrenten vom französischen Boden vertrieben, die drohende Hungersnot, der sichere Staatsbankrott sind verhindert, die Währung stabil wie später nie wieder (Eric Hobsbawm), und in den Kämpfen im italienischen Piemont geht steil der Stern eines jungen Generals aus Korsika auf.

Sieben Jahre zuvor ist es Mozart, der mit dem Fürsten Lichnowsky in einer Kutsche Richtung Prag und Berlin reist und für den König Friedrich Wilhelm II. seine »Preußischen Quartette« im Gepäck hat. Nun führt Beethoven zusammen mit

- ◆ 2 Sonaten für Klavier und Violincello F, g op. 5 **(1796)**
- ◆ 2 Klaviersonaten g, C op. 49 **(1796)**
- ◆ 12 Variationen für Klavier und Violincello über
  »Ein Mädchen oder Weibchen« aus Mozarts *Zauberflöte* F op. 66 **(1796)**
- ◆ Klaviersonate Es op. 7 **(1796/97)**
- ◆ Serenade für Streichtrio D op. 8 **(1796/97)**
- ◆ 3 Klaviersonaten c, F, D op. 10 Nr. 1–3 **(1796–98)**
- ◆ Klavierkonzert Nr. 3 c op. 37 **(1796–1800)**

dem am Preußenhof lebenden Cello-Virtuosen Jean-Pierre Duport die zwei eigens für Berlin komponierten *Sonaten op. 5* auf und empfängt dafür – wie einst Mozart eine Unzahl kostbarer Uhren – in einer Art letztem Aufglimmen barocker Lebensart vom dritten Friedrich Wilhelm eine goldene, mit Louisdor prall gefüllte Tabakdose.

Anders als Mozart und Haydn, die bis nach Italien reisten, nach Paris und London, den Musikzentren der damaligen Welt, bringt es Beethoven nicht viel weiter als bis nach Berlin und Prag; er besucht adelige Schülerinnen in den ungarischen Teilen des Kaiserreichs oder macht Urlaub und pflegt Kontakte in den von Wien nicht weit entfernten böhmischen Bädern Teplitz – wo er mehrmals mit Goethe zusammentrifft – und Karlsbad, einer Art barockem Las Vegas (Reinhard Goebel). Ansonsten genügt ihm offenbar, was seine neue Heimatstadt an urbanen und landschaftlichen Schönheiten in ihrer Umgebung zu bieten hat.

Er steht jeden Tag früh auf, frühstückt und arbeitet bis zum Mittag, unterbrochen von gelegentlichem Luftschöpfen in den Gassen vor der Tür. Nach dem Essen geht es meist »ein paarmal rund um die Stadt«. Stundenlang läuft er durch anmutige Gegenden. »Heitere Empfindungen«, so heißt es in einer Tempoanweisung der 6. *Sinfonie*, durchströmen sein Herz. Er freut sich des Wetters, herrlicher Blicke über weit geschwungene Hügelketten, grüne Auen und Weinberge an den Uferhängen der Donau. Lerchen schmettern verloren im Himmelsblau, der Ginster blüht, durchsichtige Berge am Horizont. Er hat stets Notenpapier in der Tasche. Auf der Gasse, im Wirtshaus, im Gras lagernd oder in der Astgabel eines Baumes sieht man ihn mit dem Skizzenbuch vor der Nase – »und kömmt mir ein Gedanke, so notiere ich ihn sogleich«. Nach dem Abendbrot weiter. Er sitzt, wenn er nicht auf einen Wein und eine Mehlspeise im »Schwanen« oder »Zum Ochsen« einkehrt oder in einem der Fürstenhäuser konzertiert, zu Hause Stunden am Pult und notiert die Musik, die in ihm tönt. »Ich stehe selbst des Nachts auf, wenn mir etwas einfällt, da ich den Gedanken sonst vergessen möchte.«

Beethoven komponiert als eines aus einer Vielzahl von Liedern *Adelaide op. 8* auf ein Gedicht des Lyrikers Friedrich von Matthisson. Er bewundert den neun Jahre älteren Dichter, den auch Schiller und Hölderlin schätzen, vergisst aber 1797 bei der Veröffentlichung, dem Widmungsträger Matthisson ein Exemplar zu schicken. Als er dies drei Jahre später nachholt, findet sich in dem beiliegenden Brief ein Gedanke zum Thema Verspätungen: »Sie wissen selbst, was einige Jahre bei einem Künstler, der immer weiter geht, für eine Veränderung hervorbringen«, schreibt er. Wie kein Komponist vor ihm reflektiert Beethoven seine Arbeit im Hinblick auf ihre Neuheit im Vergleich mit dem, was andere Künstler tun.

Kein Wunder. Denn nicht nur sein Virtuosentum muss sich in Wien behaupten. Er hat sich auch der Konkurrenz einer

Glückloses Phantasieren

Kapellmeister Friedrich Wilhelm Himmel hat, als Beethoven
1796 den preußischen Berliner Hof besucht, das Pech, auf
den Tonsetzer zu stoßen. Beide, erzählt der von Beethoven
mit Geschichten gut versorgte Freund Ferdinand Ries,
gehen unter den Linden spazieren und suchen im »ersten
Kaffeehaus der Stadt« ein mit einem Klavier ausgestattetes
Nebenzimmer auf.

»Da begehrte Himmel, Beethoven möge etwas phan-
tasieren, welches Beethoven auch tat. Nachher bestand
Beethoven darauf, auch Himmel solle ein gleiches tun.
Dieser war schwach genug, sich hierauf einzulassen. Aber
nachdem er schon eine ziemliche Zeit gespielt hatte, sagte
Beethoven: Nun, wann fangen Sie denn einmal ordentlich
an? Himmel hatte Wunders geglaubt, wie viel er schon
geleistet, er sprang also auf und beide wurden gegenseitig
unartig. – Beethoven sagte mir: Ich glaubte, Himmel habe
nur so ein bisschen präludiert.«

steigenden Zahl von Werken anderer Komponisten zu erweh-
ren. Das Besitzbürgertum, inzwischen wohlhabend und zahl-
reich genug, steht bereit, die kulturelle Hegemonie des Adels
zu übernehmen; bürgerliches Mäzenatentum ist im Vergleich
zum feudalen nur meist unpersönlich, seine Aktivposten: die
Hausmusik und ein in der Beethovenzeit rasant expandieren-
der Musikmark. Die Zahl öffentlicher Konzerthallen, Musik-
verlage, Musikalienhandlungen, Instrumentenbauer und Kon-
servatorien wächst. Beethovens Metier wird zum Wirtschafts-
faktor, er selbst zum Warenproduzenten.

Wer Stahl produziert, braucht modernste Hochöfen, wer Industriegüter herstellt, effektivste Maschinen, schnellste Technologien. Und auch wer Musik komponiert, hat dafür zu sorgen, dass sein spezifisches Produktionsmittel, eine von der Natur mit außerordentlicher Begabung und geistig wie organisch idealen Anlagen gesegnete Persönlichkeit, so ausgebildet und aufgestellt ist, dass die Arbeitsergebnisse in ihrer Neuheit und ästhetischen Attraktivität stets konkurrenzfähig bleiben. Solche Zusammenhänge im Blick, bekommt man eine Ahnung davon, wie den Menschen am Beginn des 19. Jahrhunderts, bewusster als in der Renaissance, erneut so etwas wie der »Individualismus« dämmert. Das Publikum beginnt zu begreifen: Auch das Neue in Beethovens Musik hängt mit der Außerordentlichkeit seiner Begabung zusammen – und mit dem sich täglich mit ihr austauschenden Zeitgeist.

Die Aufklärung und mit ihr der Glaube an den Fortschritt des menschlichen Wissens, der Rationalität, des Wohlstands und der Naturbeherrschung, der das 18. Jahrhundert so tief durchtränkt hatte, bezogen ihre Kraft in erster Linie aus dem offensichtlichen Fortschritt der Produktion, des Handels und der wirtschaftlichen und wissenschaftlichen Rationalität, der untrennbar mit ihnen verbunden schien. Wortführer waren die wirtschaftlich aufsteigenden Klassen, die am engsten mit dem wirklichen Fortschritt der Epoche verknüpft waren: Die Kaufleute, die ökonomisch aufgeklärten Gutsbesitzer, die Finanziers – die »aufgeklärten« Verwalter in Wirtschaft und Gesellschaft, der gebildete Mittelstand, die Manufakturbesitzer und Unternehmer (Eric Hobsbawm).

Alles Hergebrachte im Hegel'schen Doppelsinn aufzuheben im noch Unbekannten, auch das ist für Beethoven Freiheit im Sinn der drei in der französischen Revolution formulierten Ziele einer solidarischen Menschheit. Beethoven erlebt ihre Uneinlösbarkeit in der politischen Realität seiner Zeit, er wird die Idee in der Musik verwirklichen.

Auf dem Weg zum Gipfel

Der Sonatenhauptsatz ist das von Haydn und Mozart zur Vollreife gebrachte Kompositionsverfahren der Klassik. Es findet Anwendung überwiegend im ersten und vierten Satz einer Sonate oder Sinfonie. Was die Komponisten im Sonatensatz leisten, nennt die Musikwissenschaft seit etwa Mitte des 19. Jahrhunderts »thematische Arbeit«: Die motivischen Bestandteile der im ersten Abschnitt exponierten, meist gegensätzlich gestimmten Themen werden im Mittelteil, der in der Nebentonart beginnenden Durchführung, abgespalten und zergliedert. Sie können damit bis in entlegene andere Tonarten transponiert, rhythmisch variiert, umgekehrt, verdichtet, beschleunigt, gedehnt, verändert kombiniert oder in sonst irgendeiner Form einem so dynamischen wie dramatischen Prozess unterworfen werden. Egal, wie der ausgeht: am Ende steht die Rückkehr in die wieder in der Grundtonart erklingende Reprise, das ist die durch die »Krisenerfahrungen« der Durchführung veränderte und meist verkürzte Wiederholung der Exposition. Ihr folgt in der Regel die abschließende Coda (zwischen den einzelnen Abschnitten gibt es ein- und überleitende Teile und Schlussgruppen). Der übermütige Gruß am Ende eines Briefs an den besten Wiener Freund und Helfer Baron von Zmeskall-Domanovez erhellt, wie Beethoven »motivisch arbeitet«: Das Motiv hier die aus einer Art Kleinst-Thema, dem Wort »Baron«, abgespaltene Silbe »ron«:

> Adieu Baron Ba..... ron ron | nor | orn | rno | onr

Schon im ersten Satz von op. 2 Nr. 1, seiner ersten Sonaten-veröffentlichung, Haydn gewidmet, präsentiert ein junger, konzentriert lebensfroher, selbstbewusster Beethoven den Wienern sein brillantes Können.

Und das Wiener Publikum bemerkt: Sein erfolgsverwöhn-ter und in der Öffentlichkeit oft gutgelaunter, wenn auch meist recht empfindlicher musikalischer Hoffnungsträger will nicht nur glänzen. Er hat etwas zu sagen. So geht es etwa in den voll-griffig schweren Akkorden des Largo e mesto der *Sonate op. 10 Nr. 3 D-Dur* düster und lastend zu. 1799 kommt er mit einer dem Fürsten Lichnowsky gewidmeten Sonate heraus, die an

- ◆ Zwei Rondos für Klavier C, G op. 51 **(1797–1801)**
- ◆ 3 Trios für Violine, Viola und Violoncello G, D, c op. 9 **(1797/98)**
- ◆ 3 Violinsonaten D, A, Es op. 12 **(1797/98)**
- ◆ Klaviersonate c op. 13 »Pathétique« **(1797–99)**
- ◆ 2 Klaviersonaten E, G op. 14 **(1798)**
- ◆ Romanze für Violine und Orchester F op. 50 **(1798)**
- ◆ 6 Streichquartette F, G, D, c, A, B op. 18 **(1798–1800)**
- ◆ Sinfonie Nr. 1 C op. 21 **(1799–1800)**
- ◆ Violinsonate F op. 24 »Frühlingssonate« **(1800/01)**
- ◆ Klaviersonate As op. 26 **(1800/01)**

explosiver Subjektivität und auf potenzierende Vereinfachung setzende Urkraft ihresgleichen bis dahin nicht hat, die von ihm selbst so genannte »Grande Sonate pathétique«, in Beethovens »Schicksalstonart« c-Moll op. 13. Da bricht, eingeleitet von barocklastigen Grave-Akkorden, zum ersten Mal etwas los, das für fast zehn Jahre nicht zur Ruhe kommt, auf üppig rollendem Bassfundament immer wieder die Höhe suchend und immer wieder in die Tiefe zurückgeführt und zyklisch beschlossen vom am Anfang der Durchführung sowie in der Coda wiederkehrenden Grave und einer Kurz-Erinnerung ans Allegro di molto. Im selben Sinn berühmt und berührend auch der ganz eigensinnig mit einem lustigen Tänzchen kontrastierende Trübsinn des finalen Quartettsatzes von op. 18 Nr. 6, »La Malinconia«.

Die Sonate op. 26 Nr. 12 mit ihren Variationen im ersten Satz ist die erste Beethoven-Sonate ganz ohne Sonatenhauptsatzschema. Daraus ergibt sich für den Komponisten bald eine Bewegungsfreiheit, die als Fantasie zum bevorzugten Gestaltungsprinzip der komponierenden Romantik wird.

Die zwei folgenden Sonaten op. 27 tragen den Untertitel »Quasi una fantasia«. Die Nr. 2 cis-Moll hat das Gros des Publikums als – nicht vom Autor so genannte – »Mondscheinsonate« wahrscheinlich zu oft gehört, um noch wirklich hinzuhören. Das Hinhören lohnt vielleicht, wenn man bemerkt, dass das Stück einen ersten Teil, einen Mittelteil und einen Schlussteil hat. Im fünften Takt taucht aus den gleichmäßigen Triolen-Arpeggien, die das Ganze grundieren, eine Melodie auf. Zunächst auf einem einzigen Ton, ähnelt ihr punktierter Rhythmus dem des Trauermarschs aus op. 26. Der Trauergestus überträgt sich auf die Melodie. Die schweigt im Mittelteil; die Triolen-Arpeggien entwickeln ein harmonisch interessantes Spiel. In ihm bereitet sich, basierend auf einem Dominant-Orgelpunkt, am Ende der Durchführung dieses als solchen kaum zu erkennenden Sonatensatzes, die Reprise vor (Tatjana Frumkis). Im dritten Teil, am Beginn der Reprise, dann wieder die Melodie. Erstmals spielt in einer Sonate ein Phänomen wie die Atmosphäre eine Hauptrolle. Der Satz hat trotzdem oder vielleicht gerade darum keine Längen, die Zeit löst sich auf. Das Allegretto ist Ausschwingen und beschwingte Kontrastregion zum eigentlichen Ereignis auch dieser Fantasiesonate, dem Schlusssatz. Da bricht – wenn man es entsprechend spielt – in bewusst übersteigerter Fortsetzung der musikalischen Ästhetik des Sturm und Drang eine mächtig rasende Wut los. In immer neu anbrandendem Zorn lehnt sich da einer gegen die Einrichtung der Welt auf. Undenkbar bei den Vorgängern – selbst beim Mozart der »kleinen« g-Moll Sinfonie oder des Finalsatzes der c-Moll Sonate – das exaltierte Toben, die herrischen, aufrührerischen Gesten der Selbstermächtigung. Mit Beethoven betritt erdbebengleich und erstmals selbstbewusst das moderne bürgerliche Ich die Bühne der Musik.

In Sonaten wie der in Es-Dur op. 7 erprobt er auf den fünf Oktaven seines Walter-Hammerflügels in der ganzen Breite der Tastatur die Klanglichkeit des Orchestersatzes. Bald werden die Klaviere über sechs und sieben Oktaven verfügen und über spezielle Pedale für besondere Klangvarianten. Alles ist in Bewegung. Die Geschichte, die Musik, der Instrumentenbau.

Per Krise ad Utopie

Das Schicksal klopft an

Da passiert Anfang des neuen Jahrhunderts etwas für Beethoven Eigentümliches: Wenn in seiner Arbeit ein Quantensprung ansteht, in diesem Fall die Entstehung der »Eroica« – gerät er in eine Lebenskrise. Ist sie Folge, ist sie Auslöser? Seiner Seele entbinden sich Riesenkräfte, eine schier unerschöpfliche Erfindungsgabe. Es ist, als ordne und bewältige der im Alltag oft Unmäßige die Turbulenzen seines Lebens und Fühlens in der Musik.

Er leidet. Und was es schlimmer macht: Er kann nicht, selbst mit den engsten Freunden nicht, darüber reden. Es ist ihm peinlich. Er schämt sich. Immer hat er gehofft, es könnte besser werden und vorbeigehen, ohne dass es irgendwer bemerkte. Niemand gibt gern zu, behindert und ausgeschlossen zu sein vom Leben durch einen Schaden des Körpers. Nicht einmal Freunde und Schüler wie Ries oder Zmeskall, die ihn fast täglich sehen und sprechen, bemerken etwas. Aber es wird nicht besser. Im Sommer 1801 kann er nicht mehr. Es muss heraus. Er schreibt an Amenda und Wegeler, die beiden Herzensfreunde in der Ferne: Ihm geht es hervorragend, eigentlich so gut wie noch nie, er ist fast am Ziel aller Träume, nur, leider, die Gesundheit »nämlich: mein Gehör ist seit drei Jahren immer schwächer geworden. [...] Das dauerte bis voriges Jahr im Herbst, wo ich manchmal in Verzweiflung war.«

Er sucht Ärzte auf. Man verschreibt ihm Mandelöl, kalte und lauwarme Bäder, Tee. Die Unterleibsschmerzen und Koliken, die ihn zudem immer plagen, werden zeitweise besser.

Nur meine Ohren, die sausen und brausen Tag und Nacht fort. Ich kann sagen, ich bringe mein Leben elend zu, seit zwei Jahren fast meide ich alle Gesellschaft, weil's mir nicht möglich ist, den Leuten zu sagen: ich bin taub. Hätte ich irgend ein anderes Fach, so ging's noch eher, aber in meinem Fache ist das ein schrecklicher Zustand; dabei meine Feinde, deren Zahl nicht geringe ist, was werden die hiezu sagen! Um dir einen Begriff von dieser wunderbaren [wundersamen] Taubheit zu geben, so sage ich Dir, dass ich mich im Theater ganz dicht am Orchester anlehnen muss, um den Schauspieler zu verstehen. Die hohen Töne von Instrumenten, Singstimmen, wenn ich etwas weit weg bin, höre ich nicht; [...] Manchmal auch hör ich den Redenden, der leise spricht kaum, ja, die Töne wohl, aber die Worte nicht; und doch, sobald Jemand schreit, ist es mir unausstehlich. [...] Ich will, wenn's anders (nicht) möglich ist, meinem Schicksale trotzen, obschon es Augenblicke meines Lebens geben wird, wo ich das unglücklichste Geschöpf Gottes sein werde. Ich bitte Dich, von diesem meinem Zustande niemanden, nicht einmal der Lorchen [Eleonore geb. von Breuning, Wegelers Frau] etwas zu sagen, nur als Geheimnis vertrau ich Dir's an.

Im dichten Verkehr der Städte erschrecken und bedrohen ihn unbemerkt nahende Reiter und Fußgänger, Kutschen und Fuhrwerke. Er fühlt sich ausgeliefert, abhängig von ihn warnenden Anderen. Aber der Helfende, der große Bruder, das war doch immer er! Unter seinen nachgelassenen Papieren findet Wegeler einen Notruf, das »Heiligenstädter Testament«. Beethoven hat es während einer langen, stressbedingten Auszeit – in der freien Natur fühlt er sich am sichersten – im damals noch lauschigen Vorort Heiligenstadt inmitten von Weinbergen und Donaudüften verfasst. Es richtet sich an seine Brüder. Den Namen Johanns lässt er bei jeder Erwähnung aus – weil es der Name des Vaters ist? – und ordnet in dem Schriftstück, wie in Testamenten üblich, seinen Nachlass. Er hat das Dokument nie abgeschickt. Die Vermutung liegt nahe: Der Text richtet sich nicht nur an die Brüder und ist nicht wirklich ein Testament. »Testament«, das kommt von lateinisch ›testari‹ – bezeugen. Er bezeugt in dem Schriftstück seine tiefe Erschütterung. Er gibt Auskunft über sich. Denn er fürchtet, in den Augen der Welt (und Nachwelt!) missverstanden und verkannt zu werden. Eine stark gekürzte Fassung:

Für meine Brüder Carl und   Beethow(!)en
O ihr Menschen die ihr mich für feindseelig störrisch oder misantropisch haltet oder erkläret, wie unrecht tut ihr mir. Ihr wisst nicht die geheime Ursache von dem, was euch so scheinet. Mein Herz und mein Sinn waren von Kindheit an für das zarte Gefühl des Wohlwollens. Selbst große Handlungen zu verrichten war ich immer aufgelegt, aber bedenket nur, dass seit 6 Jahren ein heilloser Zustand mich befallen, durch unvernünftige Ärzte verschlimmert, von Jahr zu Jahr in der Hoffnung betrogen, gebessert zu werden und

endlich zu dem Überblick eines dauernden Übels [...] gezwungen. Mit einem feurigen lebhaften Temperamente geboren, selbst empfänglich für die Zerstreuungen der Gesellschaft, musste ich früh mich absondern, einsam mein Leben zubringen. Wollte ich auch zuweilen mich einmal über alles das hinaussetzen – o wie hart wurde ich durch die verdoppelte traurige Erfahrung meines schlechten Gehörs dann zurückgestoßen. Und doch war's mir noch nicht möglich, den Menschen zu sagen: sprecht lauter, schreit, denn ich bin taub! [...] Wie ein Verbannter muss ich leben. Nahe ich mich einer Gesellschaft, so überfällt mich eine heiße Ängstlichkeit, indem ich befürchte in Gefahr gesetzt zu werden, meinen Zustand merken zu lassen. [...] Aber welche Demütigung wenn jemand neben mir stund und von weitem eine Flöte hörte und ich nichts hörte oder jemand den Hirten singen hörte, und ich auch nichts hörte. [...] Es fehlte wenig, und ich endigte selbst mein Leben. Nur sie, die Kunst, hielt mich zurück. Ach, es dünkte mir unmöglich, die Welt eher zu verlassen, bis ich das alles hervorgebracht, wozu ich mich aufgelegt fühlte. Und so fristete ich dieses elende Leben. [...] Vielleicht geht's besser, vielleicht nicht, ich bin gefasst – und schon in meinem 28. Jahre gezwungen, Philosoph zu werden. [...] Gottheit, du siehst herab auf mein Inneres, du weißt, dass Menschenliebe und Neigung zum Wohltun drin hausen. [...] So nehme ich denn Abschied von Dir – und zwar traurig – ja, von Dir, geliebte Hoffnung [...] So lange schon ist der wahren Freude inniger Widerhall mir fremd. O wann – o wann, o Gottheit – kann ich im Tempel der Natur und der Menschen ihn wieder fühlen? Nie? – Nein – O, es wäre zu hart!

Heiligenstadt am 10ten Oktober 1802

Indem er seinem Leiden sprachlichen Ausdruck verleiht, wird ihm das Herz leichter. Er spürt, wie das traurige Geschick in seinem Innern langsam heimisch wird, er lernt, damit zu leben. Er geht durch die Felder, durch die auch optisch rauschenden Weingärten Heiligenstadts, schaut auf die jagenden Wolken, die kreisenden Strudel im Strom und weiß: Er wird bald kein Virtuose mehr sein, kein Kapellmeister mehr werden können. Ihm bleibt allein das Komponieren. Und noch etwas. Nie wusste er, wie man das mit den Frauen macht. Wie es nicht geht, hat ihm der Vater vorgelebt; ihm bleibt davon die Angst vor der Bindung ans andere Geschlecht. Es gibt nicht Wenige, die gefallen ihm sehr, die Wunderschönen, Temperamentvollen, die Frauen mit Charakter. Noch hat es ihm keine zurückgespiegelt. Aber er braucht sie, er liebt ihre süßen Blicke, die weichen, zärtlichen Berührungen, ihre Sorge, Wärme und Liebe und auch ihr heißes Blut, die pulsierende Nähe ihres Fleisches. All das fehlt ihm. Seine Taubheit entfernt ihn davon. Wird er die Einsamkeit ertragen oder wird er die Eine noch finden?

»Ich bin mit meinen bisherigen Arbeiten nicht zufrieden«, teilt er dem Freund Wenzel Krumpholz mit. »Von nun an will ich einen anderen Weg beschreiten«. Er komponiert die drei *Sonaten op. 31*. Die mittlere in d-Moll Nr. 2 ist als »Sturmsonate« in die Musikgeschichte eingegangen. Erstaunlich, wie wenig thematische Substanz dem Komponisten in ihr genügt, auch die größte Form zu füllen (Werner Oehlmann). Schon die ersten beiden Largotakte des Kopfsatzes liefern den Großteil des gedanklich formalen Substrats dieses Satzes: Einem arpeggierten Sextakkord folgt ein eher schüchternes, im weiteren Geschehen den Formverlauf tragendes Dreiklangmotiv. Bis heute streiten sich die Experten, ob das Hauptthema erst

Wer schrieb wieviel von was?

Bach, Haydn, Mozart, Beethoven, Schubert, Wagner, Strauss – sie alle waren äußerst produktive Kompositionsgenies, die sich unterschiedlichsten Gattungen widmeten. Aber wer schrieb wieviel von was? Einige ausgewählte Beispiele* und die Gesamtzahl der Werke im Vergleich:

Ludwig van Beethoven (1770–1827)

| 9 | 1 | 2 | 17 | 722 |

Joseph Haydn (1732–1809)

| 108 | 24 | 14 | 68 | 2256 |

Wolfgang Amadeus Mozart (1756–1791)

| 60 | 21 | 5 | 23 | 626 |

 Sinfonien / sinfonische Dichtungen

 Opern / Singspiele

 Messen

 Streich-quartette

 Werke gesamt

Johann Sebastian Bach (1658–1750)

0 0 5 0 1128

Franz Schubert (1797–1828)

12 18 7 15 998

Richard Wagner (1813–1883)

2 16 0 0 113

Richard Strauss (1864–1949)

10 15 0 1 263

*Die Mengenangaben zu den einzelnen Gattungen sind teils Näherungswerte, da es auf das Zählungssystem/die Zuordnung ankommt, manches fragmentarisch blieb oder Zuschreibungen diskutabel sind.

mit Takt 21 einsetzt oder ob die »Einleitung« davor bereits thematisches Gewicht hat; beide sind in sich mehrfach zweiteilig und kontradiktisch, kaum ist der Seitensatz als solcher auszumachen, die Formgrenzen verschwimmen. Geisterhaft steigen immer wieder arpeggierte Skalen aus einem zur Ruhe kommenden Geschehen auf; kleinste Themenpartikel werden wie in einer befreiten Grammatik zu einem von zahllosen Antriebsrädchen des vorandrängenden Gesamtprozesses. In der Reprise folgt den Arpeggien statt des Dreiklangs ein bis dahin im Zusammenhang einer Klaviersonate noch nicht dagewesenes Insichgehen absoluter Musik: Als besinne sie sich ihrer urzeitlich einsamen Anfänge, spricht da eine Stimme a capella, zweimal ansetzend, wie aus der Ewigkeit. Mehr Reduktion von Musik geht nicht. Ihrer Sprache erwächst in diesem »Rezitativ« ein Inhalt, den alle verstehen und niemand übersetzen kann. Das Adagio ein ruhender Rückblick. Die Melodie seines Hauptthemas setzt, lang vorbereitet, zum Flug an in ein Verweile-Doch des Glücks. Im kraftvollen Überschwang des voran drehenden Rondo am Ende ist es, als bringe der Komponist – so entschieden wie cool – die Verhältnisse zum Tanzen. Der »neue Weg« ist beschritten. Er wird in der »Waldsteinsonate« C-Dur op. 53 in Richtung rhythmischer Urgewalt ausgebaut.

Freiheit, Gleichheit und so weiter

Mit Napoleon Bonapartes Aufstieg vom Korporal zum unbesiegbaren General und mächtigen ersten Konsul eines machtlosen Direktoriums hat sich die Revolution in Frankreich tot gesiegt. Aus Verteidigungskriegen sind Eroberungsfeldzüge geworden, aus Freiheit, Gleichheit, Brüderlichkeit eine Losung, die den Völkern nicht Befreiung bringt, sondern Unterwerfung. Napoleon, ein Revolutionär in seiner Art, stampft die bis in Einzelheiten noch heute funktionierende moderne Republik aus dem Boden. Er beseitigt, wo sie der kapitalistischen Ökonomie im Weg steht, die jahrhundertealte Feudalordnung, geht mit den Eliten von gestern Kompromisse ein und paktiert mit denen von morgen, den Machthabern der Banken, des Handels, der entstehenden Industrie. Im Konkordat mit Papst Pius VII. gibt er im Sommer 1801 der katholischen Kirche in der Revolution enteignete Immobilien zurück. Die Kurie anerkennt dankend Republik und Glaubensfreiheit und ordnet sich einstweilen unter.

Am 8. April 1802 bekommt Beethoven Post vom Leipziger Verleger Hoffmeister. Zu Ehren Bonapartes wünscht sich die Gräfin von Kielmannsegge vom großen Meister auf diesem Weg eine Revolutionssonate. Die Antwort:

Reit Euch denn der Teufel insgesamt meine Herren – mir vorzuschlagen eine solche Sonate zu machen? – Zur Zeit des Revolutionsfiebers – nun, da wäre das so etwas gewesen, aber jetzt, da sich alles wieder ins alte Gleis zu schieben sucht, Bonaparte mit dem Papste das Konkordat geschlossen – zu diesen neuangehenden christlichen Zeiten – so eine Sonate? ... – hoho! – da lasst mich aus, da wird nichts daraus.

Wenige Zeilen später bietet er die Sonate dann doch feil. Aber die Verknüpfung mit der Revolution stellt er erst in der 3. *Sinfonie Es-Dur* her, der »Eroica«. Missing Link ist die Gestalt Napoleons. Ursprünglich, erzählt Ferdinand Ries, habe Beethoven die Sinfonie dem Korsen nicht nur widmen, sondern sie auch nach ihm benennen wollen. Auf dem Titel, so berichten

Zeitgenossen, welche die Partitur in Beethovens Arbeitszimmer auf dem Tisch haben liegen sehen, soll groß der Name Bonaparte gestanden haben, darunter kleiner der Name Beethovens. Ries ist der Erste, der Beethoven ein Jahr später von der Kaiserkrönung des ersten Konsuls im Mai 1804 unterrichtet. Der Komponist gerät außer sich: »Ist der auch nicht anders wie ein gewöhnlicher Mensch!«, soll er ausgerufen haben. »Nun wird er auch alle Menschenrechte mit Füßen treten, nur seinem Ehrgeize frönen; er wird sich nun höher wie alle anderen stellen, ein Tyrann werden!« Auch ob er das Titelblatt danach tatsächlich zerriss, ist zweifelhaft. Es gibt eine Titelblattkopie, auf der jemand Napoleons Namen, gerade noch lesbar, mit der Rasierklinge derart gründlich zu entfernen trachtete, dass das Papier an dieser Stelle ein Loch hat. Später kritzelte der Komponist mit Bleistift erneut die Worte »Geschrieben auf Bonaparte« auf die Partitur. Als der Bewunderte 1821 starb, meinte Beethoven, den Marcia funebre der »Eroica« im Sinn, er habe die Musik dazu schon vor langer Zeit komponiert. Sein Verhältnis zu Napoleon schwankt bis zuletzt.

Napoleon ist das Idol des politisch erwachenden Bürgertums. Aufgestiegen wie niemand vor ihm von einer der unteren bis zur höchsten Stufe der gesellschaftlichen Hierarchie, zieht er Träume auf sich. Und nicht zu vergessen: Er liquidiert ein seit dem Mittelalter verhasstes Gewaltsystem und setzt an seine Stelle mit großer Genialität ein moderneres.

In der »Eroica«, an der Beethoven seit etwa 1803 arbeitet, höre ich das Selbst- und Zeitgefühl der neuen Klasse – zwiespältig, kompliziert und heroisch wie das Bild ihres korsischen Helden. Gleich nach den zwei resoluten, die Tonart befestigenden Jetzt-rede-ich-Schlägen des Beginns hebt das Thema des ersten Satzes an. Im engeren Sinn ist es kein Thema, es er-

- ◆ Sinfonie Nr. 3 Es op. 55 »Eroica« **(1802/03)**
- ◆ Klaviersonate C op. 53 »Waldstein« **(1803/04)**
- ◆ *Fidelio* 1. und 2. Fassung op. 72 **(1803/06)**
- ◆ Klaviersonate F op. 54 **(1804)**
- ◆ Sinfonie Nr. 5 c op. 67 »Schicksal« **(1804–08)**
- ◆ Klaviersonate f op. 57 »Appassionata« **(1804–06)**
- ◆ Lied »An die Hoffnung« op. 32 **(1805)**

füllt und rundet sich nicht, darin ähnelt es den Ideen des jungen Bürgertums. Aber durch sein ständiges Wiederauftauchen hält es, ein Motor der Entwicklung, den ersten Satz zusammen. Der ist so lang, wie beim heranwachsenden Mozart eine ganze Sinfonie. So etwas verstört die Leute. Das Riesengebilde hat, wie die Leinwand eines großen Zeppelin, allerdings unzählige, wohlüberlegte Spanten und Streben, die den gewaltigen Bau aufspannen und stabilisieren, damit er fliegt. Das dynamische Nichtganz-Thema nimmt die verschiedensten Gestalten, Farben und Haltungen an. Von tastend umdunkelt und pastoral erleuchtet über sprungbereit und heiter bis zu aggressiv herrscherlich, in der Schlussapotheose triumphal. Kluge Leute hören im ersten Satz auch eine schon hier zu bemerkende, die Ambivalenz seiner Napoleonsicht reflektierende, komische Distanz Beethovens zum heldischen Pathos. Das Finale hat für zweihundert Jahre die Interpreten auf eine nebennapoleonische Zweitspur gebracht. Sein Material verdankt sich einem Kontretanz aus Beethovens Ballettmusik *Die Geschöpfe des Prometheus* und deren Basslinie. Auch der Prometheus-Mythos, ein Lieblingsbild der aufgeklärten Elite, taugt ergiebig zu außermusikalischer Interpretation der »Eroica«. In beiden Mythen geht es ums Ethos starker, den herrschenden

Welt- und Himmelsordnungen trotzender Menschen. Idee und Herz gehen in vielen Arbeiten Beethovens ineinander auf; Hymne und Lyrik, Manifest und Beichte verschmelzen. In der »Eroica« behalten auf Höhe widerstreitender Bewegung die Ideen die Oberhand. Die Behauptung, Heroen machten Geschichte, ist ohnehin so unbewiesen wie die Wiedererkennbarkeit einer im Zentrum einer Komposition stehenden Persönlichkeit Glücks- oder Ansichtssache. Aber auch die Vorstellung in Beethovens Musik ertönender Ideen und alle anderen Übersetzungsversuche von außerhalb ihrer selbst unsprachlicher und eigensprachlicher Musik in Sprache in diesem Buch verstehen sich als das, was sie sind: als Versuch, auf diesem Weg am Ende die Form zu erkennen.

Mit der »Eroica« sprengt Beethoven alles, was an der mit Mozart und Haydn gerade erst konsolidierten Form der Sinfonie für ihn zur Fessel geworden ist. Während aber bei den beiden anderen die einzelnen Abschnitte der Expositions- und Reprisenteile noch eine verhältnismäßig lockere strukturelle Gliederung aufweisen, erscheinen sie bei Beethoven zu geschlossenen, eng miteinander verklammerten und aufeinander bezogenen Komplexen zusammengefasst, die bewusst in den Verlauf einer zielgerichteten Gesamtentwicklung eingebaut werden und in ihrer expansiven Dynamik zu immer neuen Höhepunkten bzw. Spannungsentladungen drängen (Joachim Hecker). In diesem, die Welt der Sinfonie erschütternden Werk eilt Beethoven einer Geschichte voraus, deren Gegenwart – von ihm mitkomponiert – nur Enttäuschungen zu bieten hat. Er verliert Illusionen. Wie vieles, was ihr noch folgt, ist die Quintessenz der »Eroica« die Utopie. Sie nimmt vorweg, »was noch nicht da ist« (Ernst Bloch), vollendet das Thema, ohne es zu vollenden.

Fürsten, Bürger, Revolutionäre

Das Palais Lobkowitz

Das Palais Lobkowitz in Wien befand sich von 1745 bis 1980 im Besitz der Familie gleichen Namens. Fürst Franz Joseph Maximilian von Lobkowitz (1722–1816), ein vorzüglicher Geiger, findet sein Glück offenbar darin, ein unermessliches Vermögen mit vollen Händen zur Förderung der Musik aufs Spiel zu setzen. Er wird unsterblich durch seine Großzügigkeit Beethoven gegenüber; ihm hat der Tonsetzer mit der 3., der 5. und 6. *Sinfonie* gleich drei wichtigste Werke gewidmet. Allein für die Proben zur »Eroica« stellt Lobkowitz einen sich damit in ein Symphony Lab verwandelnden Saal seiner Wiener Großimmobilie zur Verfügung. Beethoven experimentiert im Palais Lobkowitz. Er sammelt abends die »Eroica«-Stimmen ein und legt sie morgens mit den frisch eingetragenen Veränderungen einer oft gänzlich innovativen Satztechnik und Kombination der Instrumente wieder auf die Pulte. Lobkowitz erwirbt für am Ende rund 1100 Gulden die Widmung und für ein über die üblichen sechs Monate weit hinausgehendes Jahr die exklusiven Aufführungsrechte. Am 7. April 1805 wird die Sinfonie im

Theater an der Wien erstmals öffentlich. Zuvor kann der Fürst sich in mehreren vor der eigentlichen Uraufführung in seinen prachtvollen Schlössern und Stadtpalais im nordböhmischen Raudnitz a. d. Elbe, in Wien und Prag stattfindenden Privataufführungen im Ruhm des Großmäzens sonnen. Zu Gast auf Schloss Raudnitz ist 1804 der hochmusikalische Preußenprinz Louis Ferdinand. 1796 begegnete ihm Beethoven erstmals anlässlich seines Aufenthalts am Berliner Hof. Er widmet ihm 1803 sein 3. *Klavierkonzert*. Das Leben des aristokratischen Musikfreunds, er ist zwei Jahre jünger als Beethoven, wird 1806 auf dem Schlachtfeld enden. Den Königssohn und den genialen Sohn eines gescheiterten Kleinbürgers verbindet eine vor Kenntnis pulsierende Liebe zur Musik; sie begegnen einander auf Ohrenhöhe. Louis Ferdinand ist so begeistert von der neuen Sinfonie, dass er die Aufführung nach dem ersten Hören gleich zweimal wiederholen lässt.

Die Orte der »Eroica« sind Allegorien der Veränderung. Die Sinfonie wird in den kostbaren Gated areas des Spätfeudalismus zur Vollendung gebracht. Uraufführung ist im Theater an der Wien, vormals das kleine Freihaustheater in der Vorstadt Wieden, wo Mozarts *Zauberflöte* das Bühnenkerzenlicht der Welt erblickte, jetzt ein Neubau am nahen Fluss Wien, der wahr gewordene Lebenstraum Emanuel Schikaneders, des Tausendsassas der damaligen Schaubühne. Mehr als 1000 Plätze. Denn im Zug bürgerlicher Identitätsfindung und wachsendem Wohlstand des Mittelstands beginnt sich das Publikum am Anfang des 19. Jahrhunderts zu erweitern.

Bei Lobkowitz gibt sich derweil die musikalische Welt und ihre adeligen Bewunderer und Förderer die Klinke in die Hand. Die Mitglieder des Hofs und Hochadels, die Lichnowskys, Schwarzenbergs, Kinskys, Pálffys, die Esterhazys lassen sich dort nichts entgehen. Beethoven bewegt sich zwischen ihnen wie der Fisch im Wasser. Er ist abhängig vom Adel. Über den Adel entscheidet sich immer noch alles, was er zum Leben braucht. Zugleich bleibt er, der Privilegierte, sich in oft halsbrecherischer Weise treu, »in ihm lebt verlässlich ein erhaben plebejischer, dem Höfischen feindlicher Widerwille« (Adorno). Bei Lobkowitz hat er gleichwohl in gediegener Atmosphäre Gelegenheit, berühmte und von ihm interessiert beobachtete ausländische Kollegen wie Luigi Cherubini oder den Ex-Wiener und jetzigen Pariser Ignaz Pleyel willkommen zu heißen, den er mit lässig dargebotenen Beweisen größter Kunst in Verlegenheit bringt.

Beethovens Verhältnis zum Adel ist uneinheitlich. Fürst Lichnowsky und seine Frau bemühen sich um ihn. Sie bilden für lange Zeit eine der vielen Ersatzfamilien, in denen Beethoven die gerade für einen Einsamen wie ihn in manchen Momenten nötige Nähe und Vertrautheit findet. Aber sie mischen sich auch distanzlos in seine Herzens- und Berufsangelegenheiten ein. Als die Franzosen 1805 das Kaiserreich und seine Hauptstadt besetzen, bittet Fürst Lichnowsky um des lieben Friedens willen französische Offiziere in sein Schloss im mährisch-schlesischen Grätz. Beethoven weilt auch gerade dort, und natürlich will man ihn präsentieren, er soll vorspielen. Wo ist er? Auf seinem Zimmer. Man lässt ihn freundlich bitten. Er will nicht. Als der Fürst allzu heftig in ihn dringt, geht sein Schützling mit erhobenem Barocksessel gegen ihn vor. Nur Dank der beruhigenden Umsicht des Freiherrn von Gleichenstein wird Schlimmstes verhindert. Beethoven verlässt bei Nacht und Regen das Haus, er flieht ins nahe Troppau. Das erhalten gebliebene Autograph der »Appassionata« in seiner Tasche weist bis heute Wasserspuren auf. »Se non è vero, è ben trovato«, sagt der Italiener nach einem Diktum Giordano Brunos: »Ist es nicht wahr, so ist es trefflich ausgedacht.« Gut belegt dagegen ist Beethovens Beziehung zum gesellschaftlich höchstgestellten seiner Schüler, Erzherzog Rudolph (1788–1831), jüngster Bruder des Kaisers Franz. Über die bei allen Habsburgern übliche musikalische Ausbildung hinaus hat er ungewöhnlich viel Sinn für die Musik. Er wird, wahrscheinlich 1808, Klavier-, später auch Kompositionsschüler Beethovens. Ihm sind wichtige Werke wie das 4. und 5. *Klavierkonzert*, das »Erzherzog-Trio« und wichtigste wie die »Hammerklaviersonate«, die *Missa solemnis*, die *Sonate c-Moll op. 111* (ursprünglich Antonie Brentano zugeeignet) und die *Große Fuge op. 133* gewidmet. Die Sonate »Les Adieux«, entstanden 1809 und 1810, verdankt sich den Empfindungen Beethovens anlässlich der »Flucht« des Erzherzogs vor den Wien nach einer vom noch Pariser Gesandten Fürst Metternich eingefädelten, dummdreisten Kriegserklärung Österreichs an Frankreich zum zweiten Mal besetzenden napoleonischen Truppen (der alte Haydn stirbt in dieser Zeit). Eine hübsche Geschenkidee für einen Zurückgekehrten. Beethoven weiß, was ihm der hohe Herr wert ist. Rudolph regelt im Hintergrund manches Problem für ihn, seine kaiserlich hoheitliche Hand bietet Schutz vor der Geheimpolizei; Beethoven ist berühmt, er ist ein Exot, man lässt ihn gewähren. Rudolph ist die sicherste Bank für einen Freiberufler, der sich ökonomisch, begründet und unbegründet, trotz seiner Erfolge vogelfrei fühlt. 1809 spielt Beethoven mit dem Gedanken, ein Angebot des Napoleonbruders Jérôme, König von Westfalen, anzunehmen und als hochbezahlter Hofkapellmeister nach Kassel zu gehen. Auf Vermittlung Gleichensteins und der guten jungen Beethovenfreundin Gräfin Erdödy – er fährt oft hinüber auf ihr Gut in Jedlesee – bilden die Fürsten Kinsky und Lobkowitz mit dem Erzherzog ein Mäzenaten-Trio. Als Beethoven einen Vertrag unterschreibt, der ihm gegen nichts als seine Anwesenheit in Wien jährlich 4000 Gulden zusichert (ein Wiener Lehrer verdient 75 Gulden), erfüllt sich – zumindest sieht es zunächst danach aus – eine andere seiner Utopien: Er kann sozial abgesichert, nur seinem Werk leben. Aber er lebt im Vorfrühling marktdominierter Herrschaft: 1811 lässt sich der Kaiser im »Finanzpatent« per Geldabwertung die im Interesse seiner Dynastie geführten Kriege wie üblich vom Volk finanzieren. Beethovens vertraglich zugesicherte Einkünfte verlieren erheblich an Kaufkraft. Kinsky stirbt 1812 bei einem tragischen Reitunfall. Lobkowitz steuert seit langem auf die Insolvenz zu. Beethoven prozessiert erfolgreich und erhält 1815 schließlich 3400 Gulden zugesprochen. Nur hat die »Wiener Währung« seit dem Finanzpatent extrem an Wert verloren, ihm bleiben von seiner Rente 1360 Gulden. Erzherzog Rudolph ist bis zuletzt die einzig zuverlässige Geldquelle. Man mag erwägen, ob es Freundschaft war, die den Musiker und den nicht unsympathischen jüngsten Kaiserbruder verband – oder doch eher die kluge Umsicht des trotz seiner Berühmtheit ökonomisch und politisch nie wirklich abgesicherten Untertanen?

Noch ganz im althergebrachten Verhältnis des subalternen Künstlers zum feudalen Auftraggeber steht Beethoven zum Fürsten Esterhazy, einem knapp unter dem Kaiser rangierenden Mächtigen aus dem ungarischen Teil der Donaumonarchie. Die 1807 für ihn komponierte Messe C-Dur ist ein Namenstagsgeschenk für die verstorbene Fürstin. Entworfen im Geist der großen Messen Haydns, ist sie dem Riesenschatten der *Missa solemnis* in 200 Jahren nicht entkommen. Von ihr, der C-Dur-Messe, glaubt er, »dass ich den Text behandelt habe, wie er noch wenig behandelt worden«. Der Anspruch auf musikalische Neulandgewinnung kommt damit nun auch in einer Kirchenmusik zum Tragen, in der das Sinfonische ins Sakrale vordringt. Über den Chören ab dem Gloria hängt nicht mehr das Erlöser- oder Madonnenkreuz, sondern die Trikolore von vor dem Thermidor. Verkündigung wird zu Kündigung. Der Blick der Singenden richtet sich nicht mehr nach oben, er ist geradeheraus. Keine Überraschung, dass der Auftraggeber nach der Aufführung in aus seiner Sicht verständlicher Verstörung auf den Komponisten zutritt und in der kongenial zum Sprechen gebrachten, leicht trotteligen Überheblichkeit seiner Klasse fragt: »Na, lieber Beethoven, was haben Sie denn da wieder gemacht?« Beethoven, so wird erzählt, ist längst verärgert über das ihm zugewiesene unfürstliche Quartier und dreht sich brüsk um, er reist ab; den Dokumenten nach verlässt er Eisenstadt zwar erst drei Tage später. Aber die Widmung an den Fürsten Esterhazy zieht er bei Drucklegung der Messe zurück. Er widmet sie dem Fürsten Kinsky.

Das Pasqualati-Haus

Die Zahl der bisher bekannten Wiener Adressen Beethovens ist knapp dreistellig. Er ist ruhelos. Die Unruhe in ihm sucht ihr Außen. Sie findet es – und ihr Gegenteil – in der Musik und im Wechsel immer neuer räumlicher Umgebungen. Er zieht viel um. Aber nie wahllos. Er hat Lieblingsplätze. Der liebste Lieblingsplatz: Das Pasqualati-Haus auf der Mölker Bastei, Schreyvogelgasse 16, fast am Rand der Stadt. Ein großer Bau. Beethovens Domizil liegt im vierten Stock.

Mölker Bastei mit Pasqualati-Haus, Wien

Blick durch die offenen Fenster in die Landschaft. Nachts hinauf in den glitzernden Himmel. Das Denken verliert sich in den Sternen. Als Beethoven das erste Mal auszieht, weist der Eigentümer, Graf Pasqualati, seinen Hausmeister an, die Wohnung fürs Erste unvermietet zu lassen. Er weiß, Monsieur Beethoven wird zurückkommen. Er kommt zurück. Von 1804 bis 1815 immer wieder. Er liebt diesen Blick auf die Welt, in die im Wind duftende Weite. Aber irgendwann bleibt er aus. Dauer gibt es bei Monsieur Beethoven offenbar nur in der Musik.

1804 wechselt er auch einmal nicht in ein Mietshaus. Er wohnt im Theater. Schikaneder, Impresario, Geburtshelfer und Papageno der *Zauberflöte*, hat immer noch den, allerdings bereits leicht zittrigen Finger am Abzug. Er bietet Beethoven ein Libretto aus seiner Feder an, *Vestas Feuer*. Dazu eine Wohnung im von ihm geleiteten Theater an der Wien. Beethoven zieht um, es geht an die Arbeit. Die kommt nicht voran. Schikaneder ist alt geworden, der Text uninspiriert. Auch die Wohnung, sie geht auf den Hof, missfällt dem Tonsetzer. Schließlich ist Schikaneder pleite. Als der Hoftheater-Librettist Joseph Sonnleithner Beethoven die Übersetzung des Librettos einer französischen Befreiungsoper anbietet, eine in der Revolution geborene, in der Restauration domestizierte Opernform, greift er spontan zu. Aus *Vesta* wird *Leonore/Fidelio*, aus Beethoven – in der Konzertarie »Ah perfido!« hat es sich bereits angekündigt – endlich auch ein Opernkomponist. Im Glanz des Siegs der Gattenliebe über die Unmenschlichkeit dringt in dieser Oper das Sinfonische zusammen mit dem Oratorium nun auch ins Musikdrama vor. Leonore in Männerkleidern befreit als Fidelio ihren vom grausamen Gouverneur Pizarro unschuldig eingekerkerten Mann Florestan aus den Verliesen des Staatsgefängnisses. Sie rettet ihn, indem sie sich in letzter Sekunde zwischen ihn und Pizarros Pistole wirft. Ein möglicherweise wenig nützliches Unterfangen, würde nicht im selben Moment der Trompeter vom Turm die Ankunft des vom »guten König« zur Überprüfung des Staatsgefängnisses gesandten Ministers ankündigen. Der sorgt fürs klassische Happy End. Ein verquerer Stoff. Denn die ihm angeblich zugrunde liegende »wahre Geschichte« – für die Oper als *Leonore ou l'amour conjugal* aufgeschrieben von Jean Nicolas Bouilly, 1798 komponiert von Pierre Gaveaux, 1804 auch von Fernando Paer – richtet sich in postrevolutionären Zeiten gegen die Revolution. Pizarro ist in ihr ein eiskalter Jakobiner. Florestan ein unschuldig im Kerker schmachtendes Opfer revolutionärer Willkür. Selbst in dieser Form, zusätzlich verlegt in ein zeitlos bourbonisches Spanien, hat der Plot allerdings bei den Behörden zunächst keine Chance. Die Zensur, sie genehmigt am Ende alles, hört richtig: Wer in *Fidelio* an die Idee von Gerechtigkeit und Freiheit glaubt und wer Vertreter des Ancien Régime ist, wer sich wehrt und wer sich anpasst, wer Alpträume hat und wer Hoffnung, das sagt die Musik. Bis heute staunt die Nachwelt allerdings, wie bis ins Austauschbare reibungslos in den Inszenierungen über zwei Jahrhunderte hinweg die Zuordnung der Ideen des *Fidelio* zum jeweils herrschenden Zeitgeist funktioniert. So hatten etwa die Regierenden im Deutschland von 1933 bis 1945 bei allem, was sie sonst noch so in der Welt anrichteten, nicht das geringste Problem, den *Fidelio* aufzuführen und ihn sich auch noch öffentlich anzuhören. Beethovens Musikrevolution besteht nicht zuletzt in der Sprengung überkommener Dimensionen. Aber während etwa die vor Spannung berstenden Längen der »Eroica«-Ecksätze das Publikum bannen, tut dasselbe, bei aller Kostbarkeit der Musik, dem dramatischen Zug einer Oper eher nicht gut. Beethoven fehlt Theatererfahrung. *Fidelio* – sein Erstling, sein Findling, sein Einzelkind.

Unmittelbar bevor die Oper am 20. November 1805 im Theater an der Wien unter dem Titel *Leonore* uraufgeführt wird, besetzen die Franzosen die vom Adel geräumte Hauptstadt zum ersten Mal. Im spärlich besuchten Zuschauerraum langweilen sich Napoleons Offiziere. Sie verstehen kein Wort, die Musik entbehrt des gewohnten Esprit. Ein Flop. Aber am 29. März 1806 kommt der vom Freund Stephan von Breuning runderneuerte *Fidelio* abermals auf die Bühne. Aus drei Akten sind zwei geworden. Alles wirkt kürzer. Nur wieder nicht die erwartete Resonanz. Beethoven zieht grollend die Partitur zurück. Im Streit mit dem Intendanten Baron von Braun soll er auf die freundliche Anregung, er möchte beim Komponieren doch vielleicht öfter auch an die billigeren Plätze denken, ausgerufen haben: »Ich schreibe nicht für die Galerie!« Er ist sich offenbar über seine Adressaten noch nicht ganz im klaren. Auch das hört man der Oper an. *Fidelio* – sein Problemfall.

Fermaten in Liebe und Politik

»Klagt ihr, Vöglein, meine Qual«

Am 22. Dezember 1808 werden in einer denkwürdigen Akademie im Theater an der Wien auch Beethovens zwei neueste Orchesterwerke uraufgeführt: Die 5. und 6. *Sinfonie* (im Programmzettel mit vertauschten Nummern angekündigt). Im »Beiprogramm« das 4. *Klavierkonzert*, das Gloria und Sanctus der *Messe C-Dur*, die *Chorfantasie*, die Konzertarie »Ah perfido!«, sowie eine »freie Fantasie«, vielleicht op. 77, eine Art Selfie des improvisierenden Beethoven, die einzige als solche figurierende Fantasie in seinem Œuvre, ein Geheimtipp. Eine zweigeteilt arpeggierte Skale eröffnet sie unwirsch. Rohmaterial und Kontrastmittel des Folgenden, wird sie angesichts immer ideenreicher und selbstbewusster auftretender neuer Themen kleinlaut und zieht sich schmollend zurück. Mit der Grundtonart H-Dur erreicht das Stück nach virtuos schillernden Eskapaden ein das Herz erweiterndes Variationenthema; es verwandelt sich in seinen Varianten im Bass in erdinnerstes Erz, um dann immer wieder reinsten Herzens durch einen weiten Himmel zu schweben. Gesenkten Hauptes melden sich die Arpeggien schließlich noch einmal, sie werden einge-meindet. Der Schluss ist Verzauberung.

Seit etwa 1800 hat er nebeneinanderher an den beiden Sin-fonien gearbeitet. Die *Fünfte* ist Kampf. Die *Sechste* Spazier-gang. Erstaunlich, dass beide im selben Menschen mehr oder weniger zur selben Zeit entstehen. Zwei gegensätzlicher kaum denkbare Lebenseinstellungen gehen da auseinander hervor. Hier vermittelt sich Beethovens Neigung und Fähigkeit, ver-meintlich Unvereinbares als spannungsgeladene Einheit leben-diger Widersprüche zusammenzuführen. Nicht unproblema-tisch darum, sein Schaffen in Perioden einzuteilen. Perioden haben etwas Abgeschlossenes, Endgültiges. Aber endgültig ist bei diesem, über seine oft wirren Wendungen hinweg am En-de immer so eindeutigen Beethoven nur der Tod.

Hört man die *Sechste*, ist vom ersten Takt an klar: Da tönt ein anderer Beethoven. Nichts ist einfacher geworden. Doch fügt sich auf einmal alles. Wer fragt nach Sinn, wenn einem die Sinne aufgehen? Und was sind denn überhaupt Ideen? Hirn-gespinste. Notwendig zwar, das Wahrgenommene will schließ-lich zum Weltbild geordnet sein. Aber das Wahrnehmen selbst ist angenehm, mitunter betörend. Beethoven öffnet sich. Und diesmal dringt nicht, die Idee im Rücken, das Sinfonische überall vor. Diesmal durchtränkt umgekehrt die Leichtigkeit des Seins das Sinfonische mit naturhaft einfacher Daseins-freude. Der früher auf der Flucht vor der Welt durch die Felder durch die Auen stapfte – wandert, tanzt, marschiert nun hör-bar leichten Herzens durch die tönende Pfauenwelt der Gesell-schaft wie durch so ein stürmendes Sinfoniegewitter mit Blitz, Pauke und Donnerschlag.

Auf die neue Leichtigkeit kommt er nicht erst in der *Sechs-ten*. Er probiert sie um die Zeit des Grätzer Aufenthalts beim

- ◆ Klavierkonzert Nr. 4 G op. 58 **(1805/06)**
- ◆ Quartette F, e, C op. 59 »Rasumowsky« **(1806)**
- ◆ Sinfonie Nr. 4 B op. 60 **(1806)**
- ◆ Violinkonzert D op. 61 **(1806/07)**
- ◆ Messe C für Solostimmen, Chor und Orchester op. 86 **(1806/07)**
- ◆ Sinfonie Nr. 6 F op. 68 »Pastorale« **(1807/08)**
- ◆ Violincellosonate A op. 69 **(1807/08)**
- ◆ Klavierkonzert Nr. 5 Es op. 73 **(1808/09)**
- ◆ Chorfantasie für Klavier, Chor und Orchester op. 80 **(1808/09)**
- ◆ Trio für Klavier, Violine und Violoncello op. 97 »Erzherzog« **(1810/11)**

Fürsten Lichnowsky im 4. *Klavierkonzert* aus, auch im Violinkonzert und zunächst in den, vom russischen Gesandten und späteren Fürsten Rasumowsky beauftragten und ihm gewidmeten *Streichquartetten Opus 59*. In ihnen vollzieht Beethoven mit Hilfe Schuppanzighs fürs Streichquartett den Übergang von der Haus- zur Konzertmusik (Carl Dahlhaus). Und kennt wieder auch den Zeitpunkt genau, an dem er es wagen kann, sich nun auch auf diesem Feld in voller Größe neben den beiden Mitwienerklassikern aufzurichten.

Opus 59 Nr. 1 beginnt mit einem Thema, das in seiner für Beethovens Verhältnisse etwas einfältigen Sanglichkeit eher wie sonst das zweite Thema klingt. Seine altmodisch ratternde Achtel-Begleitung wirkt wie eine witzige Provokation. Wird sich die merkwürdige Eröffnung am Ende als Einleitung herausstellen? Nein. Es folgt ein schon eher wie der kraftvolle Beginn eines Beethoven-Streichquartetts daherkommender, allerdings allzu bald in seine Verarbeitung abbiegender Gedanke, gefolgt von etwas kantabel warm aufleuchtendem Dritten, das dito nicht zu Ende kommt. Das Einleitungsthema taucht erneut auf, seine Tonleiterfaktur verwandelt sich bis ins Triumphale, inspiriert weitere Themen. Es entsteht ein in seinem Gedankenreichtum monumentaler, die herkömmlichen Streichquartettdimensionen sprengender, in einer wie eine zweite Durchführung anmutenden Reprise endender Formverlauf. Die tradierten Rollencharaktere der Sätze und ihre Reihenfolge sind suspendiert. Das Schwergewicht verlagert sich vom Eröffnungs-Allegro in Richtung Finale, in den Sätzen zur Coda hin. Das Allegretto vivace e sempre scherzando an zweiter Stelle nimmt die Idee des Kopfsatzes der 7. *Sinfonie* vorweg: Der gleich zu Beginn vom Cello exponierte Rhythmus ist das Thema. Nirgends wirklich Sonatensatz. Aber ohne Sonatensatz gäbe es nichts von allem, was man hört. Das herrliche Adagio molto e mesto zieht vorüber wie ein transparentgrüngoldener Sommerabend. Eine herzenswarme Melodie wird Hymnus, Serenade, Arioso, figurierte Entsagung. Die Form löst sich in reiner Musik. Kein Beharren mehr auf Positionen, kein *Éclat de triomphe*. Der da komponiert, muss sich nicht mehr nach jedem Seufzer aufbäumen. Alle Mittel der Polyphonie variierend, spielt er mit dem Faktum, einfach nur da zu sein.

Aber was steckt hinter der wundersamen Verwandlung des Tonsetzers Ludwig van Beethoven in dieser Zeit? Was veranlasst ihn, so unerwartet so entspannt zu wirken, so leichtfüßig? – Gut geraten! Natürlich eine Frau. Er ist verliebt. Nicht zum ersten Mal. An viele seiner Schülerinnen hat er sein Herz verloren. Nicht wahllos. Sie müssen schon schön sein, temperamentvoll und schmiegsam, klug, sie sollen Charakter haben.

Er macht Avancen, schreibt Briefe, bemüht sich. Und erhält Absagen. Aus geliebten Schülerinnen werden hilfreiche Freundinnen, Ex-Angebetete, Ex-Korbgeberinnen. Denn es kommt mit den Mesdames und Demoiselles Keglevics, Guicciardi, Amalffi, Röckel, Bigot, Honradt, zweimal Brentano (Antonie und Bettina), Erdödy, Sebaldt et al. zu keiner Liaison. Das Wasser des Standesunterschieds, da sie fast alle adelig sind, ist zu tief. So viel wir wissen, bleibt er »rein« dabei, wie man damals sagte, zumindest was die Damen der Gesellschaft angeht, seine Libido geht leer aus. Vielleicht Mangel an Gelegenheit, vielleicht Schüchternheit. Und dann ist da seine hohe Moral in Sachen ehelicher Liebe – »l'amour conjugal«.

Aber es gibt eine Ausnahme. Die Musikwissenschaftler Harry Goldschmidt, Marie-Elisabeth Tellenbach und Rita Steblin kamen ihr auf die Spur. Sie bahnt sich an, als die verwitwete ungarische Gräfin Anna Brunsvik von Korompa mit ihren beiden im heiratsfähigen Alter befindlichen Töchtern am 3. Mai 1799 bei Beethoven im Haus »Zum silbernen Vogel« am Petersplatz Visite macht. Höchst angetan nicht nur von ihrem Klavierspiel, findet sich der ansonsten nur noch widerwillig unterrichtende Tonsetzer sofort bereit, die geistreich eleganten Komtessen Therese (24) und Josephine (19) klavieristisch zu unterstützen. Er sucht sie gleich anderntags um zwölf im »Erzherzog Carl« auf, das Mittagessen muss warten, denn er bleibt über die vereinbarte Klavierstunde hinaus bis vier, ja bis fünf, einen guten halben Monat lang, jeden Tag. Josephine, die ihn längst als Komponisten schätzt, sagt er auch als Mann zu. Aber die Mutter hat anderes mit ihr vor. Sie wird an den standesgemäßen Grafen Joseph von Deym verheiratet. Nun stellt sich dieser nach Eheschließung als Mann mit standesgemäßem Vorleben heraus. Mit Folgen, die zu diesem Zeitpunkt längst

Josephine Brunsvik als Gräfin Deym,
Bleistift-Miniatur, vor 1804

pubertieren. Neue Kinder also in der Familie. Mutter Brunsvik
will die Scheidung. Josephine steht zu ihrem Mann. Deym ist
28 Jahre älter als sie und steckt notorisch in Geldschwierigkei-
ten. Die Ehe funktioniert trotzdem, denn der Graf überlässt
seiner jungen Frau früh die Zügel. Aus den Briefen des Paars
sprechen Liebe und erotische Anziehung. Vier Kinder werden
geboren. Beethoven bleibt in Kontakt mit der Angebeteten, er
ist der Klavierlehrer, sie seine Schülerin. Als Deym 1804 einer
Lungenentzündung erliegt, schöpft der alte Verehrer neue
Hoffnung.

Es macht Sinn, das Allegro ma non troppo presto am Schluss
der »Appassionata«-Sonate, komponiert 1804/1805 und ge-

widmet Franz von Brunsvik, dem Bruder Josephines, als musikalische Geburtsurkunde einer Liebe zu hören, die sich, vorerst in stürmisch andrängender Erwartung und Angst vor Zurückweisung, erstmals auch erotisch verwirklicht. Da höre ich Sehnsucht, Vorfreude, Verlangen und Ungeduld, am Ende ahnende Verzweiflung durcheinander toben und rasen. Zwar scheint Ludwig wiederholt dicht davor, Josephine zu gewinnen. Aber die »Appassionata« endet in Moll, es wird nichts draus. Als Frau van Beethoven wäre Josephine aus ihrer Klasse ausgestoßen worden. Sie hätte unter anderem das Sorgerecht für ihre Kinder verloren und damit diese selbst. Es zerreißt ihr das Herz. Ein Briefentwurf an Beethoven:

Mein Herz haben Sie schon längst … dem größten Beweis meiner Liebe – meiner Achtung empfangen Sie, durch dies Geständnis, durch das Vertrauen! … Dass Sie es zu schätzen wissen … werden Sie mir beweisen. – Wenn Sie damit zufrieden – Nicht mein Herz zerreißen – Nicht weiter in mich dringen – Ich liebe Sie unaussprechlich – wie ein frommer Geist den andern – Sie sind dieses Bündnisses nicht fähig? Andrer Liebe bin ich nicht für jetzo nicht empfänglich.

Josephine wird in eine weitere, diesmal unglückliche Ehe gedrängt. Auch aus deren baldigem Scheitern ergibt sich für Beethoven erst einmal nichts. Aber über alle Widrigkeiten und Jahre hinweg bleiben da zwei Seelen dabei, sich zu suchen. Ein das anhaltende Zögern seiner Angebeteten so gut es geht respektierender Beethoven schreibt 1807 aus dem von ihm als mondänes Gegenstück zum ländlich robusten Heiligenstadt geschätzten Baden bei Wien:

Tausend Stimmen flüstern mir immer zu, dass Sie meine einzige Freundin meine einzige Geliebte sind – ich vermag es nicht mehr zu halten, was ich mir selbst auferlegt … Morgen oder übermorgen sehe ich Sie, möge der Himmel mir eine ungestörte Stunde bescheren, wo ich mit Ihnen bin, um einmal die lange entbehrte Unterredung zu haben, wo einmal wieder mein Herz und meine Seele Ihnen wieder begegnen kann.

1812 wird es spannend. Eine schöne Unbekannte taucht auf. Beethoven ist ihr leidenschaftlich ergeben. Sie hat ihm nach einer gemeinsamen Nacht ihren Schreibstift, ein Pfand der Liebe, zurückgelassen. Damit schreibt er der aus dem Schriftstück nicht identifizierbaren Dame einen glühenden Liebesbrief. Ort des Geschehens: Prag. Er hält sich dort in Sachen Nichterfüllung der Rentenzahlungen durch den Fürsten Kinsky auf. Der berühmte »Brief an die unsterbliche Geliebte«, wahrscheinlich nie abgeschickt, findet sich neben dem Heiligenstädter Testament unter Beethovens hinterlassenen Papieren. Bibliotheken füllen sich seitdem mit der Frage, wer diese Frau wohl war. Um die zehn Kandidatinnen wurden, mehr oder minder begründet, ausfindig gemacht. Was genau zwischen den Liebenden geschah, weiß niemand. Man weiß, dass es in der Nacht vom 3. auf den 4. Juli 1812 in Prag geschehen sein müsste. Wenn Josephine in dieser Zeit in der Stadt gewesen ist, dann wohnte sie, wo sie in Prag immer wohnte, bei Schwager und Schwägerin Deym in der Neuen Allee. Deren Haus liegt unweit vom »Schwarzen Ross« in der Alten Allee. Dort logiert Beethoven. Es könnte also gut sein, dass er und Josephine sich nachts auf der Alten oder Neuen Allee vielleicht gesucht, vielleicht gefunden haben. Leider ist bis heute kein Beweis dafür aufgetaucht, dass Josephine in der fraglichen Zeit in Prag war; belegt ist, dass sie die Absicht hatte, in diesen Tagen dorthin zu reisen. Es fehlt zugleich jeglicher Hinweis darauf, wo sie sich in dieser Zeit stattdessen aufgehalten haben könnte. Was wir wissen: Ziemlich exakt neun Monate später wird sie, die zu dieser Zeit mit ihrem Gatten schon länger nicht mehr das Bett teilt, von einem gesunden Mädchen entbunden, dem sie vielleicht gar nicht so seltsamerweise den Namen Minona gibt, rückwärts gelesen »Anonim«. Man möchte dem Tonsetzer so sehr gönnen, dass er, wenigstens einmal in diesem großen Leben, Vater nicht nur überlebensgroßer Werke, sondern auch einer lebendigen kleinen Tochter geworden ist. Das Glück, so überraschend es über ihn kommt, verlässt ihn umgehend. Josephine traut sich und ihren Kindern ein Leben mit dem wilden Mann offenbar nicht zu. Sie kehrt in ihr unglückliches Dasein zurück, Beethoven in einen langen, großen Kummer.

Restauration

Anderthalb Wochen, bevor Josephine und Louis sich am 3. und 4. Juli 1812 in ihrer Prager Nacht verzehrt haben sollten, überqueren Napoleons Truppen bei Kowno den Njemen. Die Grande Armée marschiert mit über 600 000 Soldaten in die Weiten Russlands ein. Im Frühjahr 1813, die Gedanken der zwei Liebenden haben sich nicht verloren, kehren etwa 80 000 Mann zu Tode erschöpft nach Frankreich zurück. Napoleon ist erledigt. Das Jahr 1814 wird zur historischen Zäsur. Der Kaiser, auf eine Mittelmeerinsel verbannt, lebt dort noch sieben Jahre. Mit dem Wiener Kongress unternehmen die alten Mächte einen letzten Versuch, die Monarchie in Europa zu retten. Sie stellen sie in Frankreich einstweilen wieder her. Künftig wird sie, wo noch vorhanden, Camouflage sein für den bürgerlichen Absolutismus des großen Gelds.

Franz II. legt, als sich Napoleon 1804 zum Kaiser macht, Titel und deutsch-römische Kaiserkrone nieder und wird als nun österreichischer Kaiser zu Franz I. Sein Steckenpferd: das Spitzelwesen. 1814 wird das Netz noch einmal dichter. Es hört mit dem aus dem Rheingau zugezogenen, zum führenden österreichischen Politiker aufgestiegenen Fürsten Klemens von Metternich bis an Beethovens Lebensende nicht auf, effizient und drückend-allgegenwärtig zu sein.

Während des Wiener Kongresses ist Wien voll von internationaler Polit-Schickeria. Zwei Kaiser, sechs Könige mit Hofstaat, Fürsten, Schranzen, ein Premierminister, Gesandtschaften, Corps diplomatique. Überall goldene Kutschen, Polizei, Budenzauber, Spitzel. Diademe glitzern mit Orden um die Wette. Der Kongress tanzt, er vögelt, schwelgt und kostet. Am Ende umgerechnet untertanenfinanzierte 1 Milliarde Euro (Jan Caeyers). Beethoven ist es recht. 1813 hat der unsagbar dumme britische General Wellington im spanischen Vitoria Napoleons müde Rest-Armeen besiegt. Beethoven feiert das Ereignis in *Wellingtons Sieg*, sein Beitrag zum Battaglia-Genre in der Musik. Die Uraufführung am 8. Dezember 1813 im Festsaal der kaiserlichen Akademie der Wissenschaften: Ein Triumph. Beethoven ist mit dieser Schlachtensinfonie das einzige Mal in seinem Leben im Wortsinn populär – für einen Moment. Wiederholungen machen kurzfristig Kasse, vor allem in England, dem damals wichtigsten Musikmarkt Europas. Logisch, es geht mit »Rule, Britannia« los, »God save the king« ist der Mittelpunkt der zweiten Hälfte. Für weite Teile der Fachwelt ist das Werk bis heute musikalisch minderwertig, eine »Lärmlawine«. Aber Beethoven als der erste öffentliche Komponist der Musikgeschichte hat auf die Öffentlichkeit zu reagieren. Seine Werke wenden sich in kommerziellen Konzertsälen, die das kollektive Erlebnis begünstigen, an ein Publikum, das in seiner Zeitgenossenschaft auch die in der Musik auftauchenden Ideen und Stimmungen mit dem Tonkünstler teilt oder sie ablehnt, egal, die Leute sind bei der Sache, sie gehen mit, eine Novität in diesem Bereich. Napoleons Untergang bedeutet für die Wiener: Nicht nur der Feind ist besiegt, für eine Weile auch der Krieg; befreit kann man über musikalische Kanonaden und Märsche lachen. Beethoven schreibt mit *Wellingtons Sieg* etwas, das Soundtrack ist und Film zugleich, Collage, Parodie und Potpourri, alles in allem: pekuniär motivierte Programmmusik. Keine große Kunst? Pop Art. Ein selbst den Klamauk nicht scheuender, sorgfältig gearbeiteter Riesenmusikerspaß. Ihm lässt Beethoven einige weitere kompositorische Artigkeiten für die großen Herrschaften folgen. Er nutzt die Gunst der Stunde. Der Beethoven-Hype während des Wiener Kongresses führt auch zum endgültigen Durchbruch des *Fidelio*. In die vom Wiener Bühnendichter und Regisseur Georg Friedrich Treitschke bis heute einleuchtende Form gebracht, tritt die Oper ab 1815 ihren Siegeszug an, gegen den Zeitgeist. Denn idealistische Botschaften sind in Metternichs neuer alter Welt nicht mehr vorgesehen.

1815 trifft Beethoven in der von ihm offenbar häufig zum nachmittäglichen Zeitungslesen bevorzugten Bierwirtschaft »Zum Blumenstock« im Ballgässchen erstmals auf sein späteres Faktotum Anton Schindler. »Es dauerte nicht lange«, erzählt letzterer, »so lernte ich dieses Lokal als eine Quasi-Krypta einer kleinen Anzahl Josephiner von reinstem Wasser kennen.« Josephiner, das sind die 68er der Beethovenzeit.

Kaum ist die kongrässliche Festtagsstimmung verflogen, läuft dem Weltverbesserer viel Publikum davon. Für lange Zeit ist der Walzer die Lieblingsablenkung der Wiener. Nach dem Wein, dem Kaffee, der Schokolade und dem Tabak wird die leichte Muse zum neuen Betäubungsmittel. Als 1822 Gioacchino Rossini mit seinen, dem Polizeistaat per umwerfendem Humor eine Nase drehenden Opern Wien erobert, läuft sogar ein Verfasser einer grundlegenden Ästhetik wie Georg Wilhelm Friedrich Hegel zu ihm über (Rossini beehrt Beethoven mit einem Besuch und ist, wie er später Richard Wagner erzählt, von der Heruntergekommenheit ehrlich erschüttert, in der das Idol der damaligen europäischen Musik lebt). Anders als das Gros seiner Mit-Bürger, anders auch als sein vor der Welt in den Tübinger Turm verschwindender Jahrgangsgenosse Hölderlin, bleibt Beethoven in der Welt und bei sich. Das konsumgepolsterte Abtauchen in ein in Krisenzeiten bis heute beliebtes Biedermeier ist seine Sache nicht. Er braucht lange, bis er in der erdrückenden Wirklichkeit der metternichschen Restauration die genuine Sprache findet auch noch für sein Leben in dieser ihm immer fremder werdenden Welt. Jenseits von Kampf und Spaziergang, jenseits auch aller künstlerischen Kompromisse stößt der revolutionäre Tonsetzer in Bereiche vor, die nichts mehr umstürzen kann.

Das Kreuz der späten Jahre

Krise

Seit etwa 1814 zieht Beethoven sich überwiegend in die Kammermusik zurück. Das »Erzherzog-Trio« kommt zur Welt, im Liederzyklus *An die ferne Geliebte* nimmt er Josephine zum letzten Mal ins schwere Balkenkreuz seiner Liebe. Mit dem gesangsatten, dem Freiherrn von Gleichenstein gewidmeten op. 69 und den zwei Werken op. 102 hat er die fünf *Cellosonaten* komponiert, ein faszinierender Teilbereich seiner Arbeit. Seine, für mich noch vor der *Egmont*-Ouvertüre schönste Goethe-Vertonung: *Meeresstille und glückliche* Fahrt für Chor und Orchester op. 112. In einer in Wind- und Totenstille Zeit und Zeitliches suspendierenden Musik entsteht die Vorstellung unermesslichen Raums, bis sich in den Elementarstrudeln aufkommenden Winds endlich das Glück neuer Tatkraft entfaltet.

Er schafft das alles, wenn er die Kraft zum Komponieren findet. Denn seine letzte und längste Lebenskrise erreicht ihn. Kaspar Karl heiratet 1806. Sein großer Bruder hat Probleme damit, er ist eifersüchtig (das wird sich wiederholen, wenn der andere Bruder, Nikolaus Johann, heiratet). Aber Schwägerin

Johanna ist bereits schwanger. Ludwig fügt sich, Johanna gerät in den Fokus widerstreitender Gefühle ihres Schwagers. Als Ludwigs kleiner Neffe Karl neun Jahre alt ist, stirbt sein Vater Kaspar Karl im November 1815 an Schwindsucht. Noch auf dem Totenbett hat ihn das Familienoberhaupt ins Testament schreiben lassen, er, Ludwig van Beethoven, solle künftig Sorgerecht und Vormundschaft für den Kleinen versehen. Auf Drängen der Mutter setzt der Sterbende hinzu: Johanna und Ludwig sollen sich endlich vertragen – so sein letzter Wille – und gemeinsam für den Sohn, den Neffen sorgen. Das ist der Ausgangspunkt einer sich fast bis an Beethovens Lebensende hinziehenden Kette quälend unerfreulicher, am Ende tragischer Kämpfe um ein unschuldiges Kind.

Vielleicht ist es die Identifikation mit dem Großvater, der in Bonn lange Zeit mit seinem Sohn in einer frauenlosen Familie gelebt hatte. Vielleicht ist Beethoven, eher unbewusst, in Johanna verliebt, und es geht in Wahrheit nicht um Karl, es geht um sie. Spekulationen. Karl hat es auszubaden. Wie das Kind in Bertold Brechts Stück vom Kreidekreis wird er hin und her gerissen. Über Jahre. Es zeigen sich bei Beethoven schwer entwirrbare Kurzschlüsse mit Konstellationen seiner Kindheit, seiner Libido. Vor Gericht kommt 1818 überraschend heraus, dass das »van« in seinem Namen juristisch nicht, wie bis dahin stillschweigend angenommen, als Adelstitel gilt. Das Niederösterreichische Landrecht als ausschließlich dem Adel vorbehaltenes Landgericht überweist den Fall umgehend an die fürs niedere Volk zuständigen Behörden. Beethoven wütet. Obschon überzeugter Demokrat und Republikaner, platzt er vor Zorn darüber, dass ihm die Herrschenden den Adelstitel verweigern. Wer, wenn nicht er, der seinen Schiller, seinen Seume gelesen hat, weiß zwischen Geburts- und Herzensadel zu unterscheiden? Er fühlt sich als Mitglied einer Elite, die weder Titel noch Orden braucht, sie hat ihre Werke. Die hierarchisch-juristischen Ranghüllen und Statussymbole jener anderen, staatsoffiziellen Eliten bedeuten ihm nichts. Aber da diese Eliten ihm sonst nichts zu bieten haben, bedient er sich ihrer Prädikate als Fetisch seiner Auserwähltheit. Und ist schwer gekränkt, als er sich durch einen Aktenvermerk zurückgesetzt sieht ins Heer der Namenlosen. »Wohltun, wo man kann«, schreibt er, Schillers *Don Carlos* zitierend, 1793 ins Stammbuch einer gewissen Theodora Johanna Vocke aus Nürnberg, »Freiheit über alles lieben, Wahrheit nie, auch sogar am Throne nicht verleugnen.« Er will das alles im Herbst 1818 noch immer. Aber bitte, jeder soll wissen, dass er es ist, Ludwig van Beethoven, der es will.

Aufs Letzte

Auch sein Lebenskreis verändert sich. 1814 stirbt Lichnowsky. Zurückhaltender als sein älterer Bruder nimmt Moritz von Lichnowsky seinen Platz ein. Des verstorbenen Fürsten Kinsky Erben erklären sich endlich bereit, dessen Teil der Rente weiterzuzahlen. 1816 stirbt ein seiner großen Liebe zur Musik nicht gewachsener Fürst Lobkowitz. Der Freund Zmeskall, von Beethoven verspottet, beschimpft, versöhnt und geliebt, ist alt geworden, ein Gichtkranker, aber immer noch zur Stelle, wenn Not am Mann ist. Der auf die Dauer eher zwielichtige Schindler, nach Schuppanzigh ein »armer Teufel«, macht weiterhin den kostenlosen Laufburschen und gelegentlichen Sekretär, ab etwa 1826 ersetzt ihn der junge zweite Geiger des Schuppanzigh-Quartetts, Karl Holz. Czerny bleibt als ewiger

Meister- und Musterschüler in der Nähe, er unterrichtet zeitweilig den Neffen am Klavier. Stephan von Breuning heiratet und ist bis zuletzt – eine weitere Ersatzfamilie – an Beethovens Seite. Breunings kleiner Sohn Gerhard wird dem späten Beethoven ein geliebter Kamerad und Helfer. Ferdinand Ries, auf der Flucht vor dem Wehrdienst erst bei den Franzosen, dann bei den Österreichern, lässt sich am Ende in London nieder und erwirkt als Beethovens Agent von der Londoner Philharmonischen Gesellschaft den Auftrag zur Komposition zweier großer Sinfonien. Das wegen seiner konstitutionellen Regierungsform von Beethoven ohnehin geschätzte England rückt auch beruflich ins Gesichtsfeld des alten Komponisten; er selbst wird vom englischen, in Europa zu dieser Zeit am weitesten verbürgerlichten, der Musik am sachverständigsten zugetanen Publikum mehr als in Wien und Paris wahrgenommen; sein Ruhm an der Themse ist inzwischen dem Haydns vergleichbar. Eine London-Reise ist geplant, kommt aber nicht mehr zustande. Neue Freunde, neue Ersatzfamilien gesellen sich hinzu. Nanette Streicher, Tochter des von Mozart geschätzten Augsburger Klavierbauers Johann Andreas Stein, betreibt zusammen mit ihrem Mann Johann Andreas Streicher eine der führenden Wiener Klaviermanufakturen. Sie macht, als Karl zu Beethoven zieht, aus dem Chaos in seinen Räumen liebenswürdig einen Hausstand. Im Frühjahr 1816 verabschiedet sich Schuppanzigh nach Russland. Rasumowskys Prachtpalais ist nach dem Wiener Kongress einer defekten französischen Heizung zum Opfer gefallen und symbolträchtig abgebrannt, Schuppanzighs Quartett hat keine Residenz mehr. Beethoven lebt außer von seiner Rest-Rente und der Rendite von acht Bankaktien in Ermanglung neuer Akademien fast ausschließlich vom immer trickreicher ertragsmaximierten Verkauf sei-

ner Kompositionen. Gäbe es zu dieser Zeit schon Tantiemen –
seine Werke werden überall in Europa auf die Programme gesetzt –, er wäre ein steinreicher Mann. So aber ist er zu nicht
immer ganz legitimen Manövern gezwungen, zu Mehrfach-
verkäufen etwa, indem er die geografischen Entfernungen und
Ländergrenzen zwischen den Verlagen geschickt nutzt. Immer
öfter liest man in seinen Briefen entschuldigende Hinweise
auf Krankheiten. Im Sommer kommt Besuch aus dem Balti-
kum. Auf Empfehlung des von Beethoven immer noch sehr
geliebten, in Briefen gesuchten, aber seit 1798 nicht mehr gese-
henen Freundes Karl Amenda meldet sich der Arzt Carl Bursy
in Wien. Er schreibt in sein Tagebuch:

Ich hatte durchaus die Idee, Beethoven müsse in einem der
fürstlichen Schlösser hausen und im Schutze eines Mäzena-
ten seiner hohen Kunst leben. Wie sehr befremdete es
mich, als mich ein anwohnender Heringskrämer in das
Haus neben sich wies. [...] Parterre fragte ich nach und hörte, Beethoven wohne drei Treppen hoch. Enge führen die
steinernen Treppen hinan. Eine Tür führte in ein kleines
Vorhaus, das eins war mit der anstoßenden Küche und Kin-
derstube. Der Bediente erschien. »Treten sie gütigst her-
ein!« – Aus dem Nebenzimmer kam mir Beethoven entgegen. Klein, etwas stark, zurückgestrichenes Haar, worunter
schon vieles graues zu sehen ist, ein etwas rotes Gesicht,
feurige Augen, die zwar klein, aber tiefliegend und voll ungeheuren Lebens sind. Er ist seit langem nicht gesund und
hat nichts Neues komponiert. [...] Er erzählte mir viel von
Wien und seinem Leben hier. Gift und Galle wütet in ihm.
Allem trotzt er, mit allem ist er unzufrieden. [...] Er spricht
schnell und mit großer Lebhaftigkeit. Oft schlägt er mit

der Hand auf sein Klavier so heftig, dass es laut im Zimmer widerhallt.

Er geht auf die fünfzig zu. Das Rennen, zumindest was das Glück angeht, scheint gelaufen. In seinem Tagebuch dieser Zeit eine berühmte Stelle:

Du darfst nicht <u>Mensch</u> sein, <u>für dich nicht, nur für andere</u>; für dich gibt's kein Glück mehr als in dir selbst und in deiner Kunst.«

Der letzte Versuch, der Einsamkeit zu entrinnen, indem er den Neffen in sein Leben zwingt, will nicht gelingen. Der Junge trifft sich heimlich mit der Mutter, die seine Dienstboten zu bestechen scheint; er läuft weg und muss zurückgeholt werden. Auch die erträumte Gesellschaftsordnung, in der Beethoven zu leben wünscht – weiter entfernt denn je. War alles umsonst? Als er sich 1817 nach einer für seine Verhältnisse langen Phase geringer Produktivität an eine neue Klaviersonate macht, geschieht etwas. Ein Musikerleben lang war für ihn die Form das zu Sprengende. Er hat sie an sich gerissen, die Form wurde zum Herrschaftsinstrument. Nun ist sie seine Rettung. Sie trägt ihn. In ihr aufgehoben, kann er Klage führen über alle unerfüllten Träume, übers Alleinsein und die Verzweiflung um den Neffen. Form geworden, wird die Not erträglich, ja sie verwandelt sich, so höre ich es, ins lindernde Vergnügen schöpferischer Arbeit. Der Tonsetzer muss nichts mehr sprengen. Er verlegt sich aufs Ernten. Da ist unendlich viel, seinem Schöpfergeist fehlen Hände, Arme, Zeit für alles, was er einbringen möchte. Im Allegro der »Hammerklaviersonate« fügt er zusammen, was noch nie zusammengehörte. Der Gesang, bislang

Ludwig van Beethoven, Ölgemälde von Ferdinand Georg Waldmüller, 1823

der »lyrischen Enklave zweiter Themen« vorbehalten (Dahlhaus), lässt gleich zu Beginn vier Takte grundmächtiger Fanfa-
renakkorde nur noch Initialzündung sein fürs leichte, mit Kan-
tabilität, Dur und Moll, verschiedenen Tempi, Figurationen
und scheinbar allen anderen Parametern der Musik spielende
weitere Geschehen. In der Durchführung, alles auf spieltech-
nisch bis dahin unbekanntem Niveau – erst Franz Liszt traut
sich 1836 das Werk öffentlich vorzutragen –, wird das terzhalti-

ge Fanfarenthema in ein Fugato verwickelt. Im kürzesten seiner Scherzi fliegt in gut zwei Minuten prägnant und leidenschaftlich konzentriert alles vorbei, was an einem Scherzo hinreißen kann. Im längsten seiner Adagios verwandelt er eine allen Entsagungskummer der Welt in sich versammelnde, sich in unzählbar verschiedene Gestalten verwandelnde Melodie in eben so viele Schattierungen universeller Trauer. Der gewaltige, auf verblüffend spielerische Art eingeleitete Schlusssatz ist die Mündung eines kostbaren Sturzbachs faszinierend neuer Fugen in Beethovens spätem Œuvre. »Da haben sie eine Sonate, die den Pianisten zu schaffen machen wird«, sagt er dem Verleger Artaria zur »Hammerklaviersonate«. »Die wird noch in 50 Jahren gespielt.« Er hat's mit der Nachwelt.

Auch im veränderten Europa nach dem Wiener Kongress bleibt Beethoven dabei, sich in den Sommern vor den Toren Wiens vom Getriebe der Metropole zu erholen. In Baden besucht ihn 1816 das Ehepaar Giannattasio mit zwei Töchtern, Betreiber eines privaten Erziehungsinstituts, dem er den Neffen für 275 Gulden pro Quartal kurze Zeit anvertraut. Die Tochter Fanny Giannattasio:

> B. ging abends mit uns in einen Gasthof und da fiel uns sehr auf, dass er mit dem Kellner um jede Semmel rechnete. Dies entsprang daher, dass er wegen seines schlechten Gehöres von Dienstboten vielfach betrogen worden war; denn damals schon musste man ganz nah am Ohr sein, um sich ihm verständlich machen zu können, und ich erinnere, dass ich oft in großer Verlegenheit sogar durch die grauslichen Haare dringen musste, welche das Ohr verbargen. [...]. Als wir abends von einem Spaziergang nach Hause kamen, war aber auch keine Spur von Beherbergung zu sehen. B. murrte und

Andante grazioso con moto

[Jo - se - phi - ne, Jo - se - phi - ne...]

p dolce   *cresc.*   *p*

[Jo - se - phi - ne...]

Ein schönes Gedankenspiel. Die Melodie des *Andante favori*
als Huldigung an Josephine?

beschuldigte die damit beauftragten Personen und half uns
selbst einrichten. Uns Mädchen wurde ein ziemlich großes
Zimmer, in welchem sein Clavier stand, zum Schlafzimmer
eingeräumt. Aber der Schlaf in diesem musikalischen Hei-
ligtum blieb uns lange fern. Und ich muss zu meiner Be-
schämung bekennen, dass unsere Neu- und Wissbegierde
einen großen runden Tisch der Untersuchung aussetzte.
Namentlich war es ein Notizbuch, worüber wir uns her-
machten. Da war vieles für uns nicht leserlich, aber siehe da,
einer Stelle erinnere ich mich – da stand: »mein Herz strömt
über beim Anblick der schönen Natur – obschon ohne sie!«

Sie geht ihm nicht aus dem Sinn. Unglücklich stirbt Josephine
im Frühjahr 1821. Beethoven schließt das Notizbuch auf dem
runden Tisch, sein Tagebuch, für immer. Ihr gehört – ein großes Herz blickt zärtlich zurück – die Cavatina vor der Großen
Fuge im Streichquartett op. 130 und, ohne Widmung aber mit
dem Rhythmus ihres Namens in den punktierten Noten des
Themas, das Andante favori F-Dur, ursprünglich als langsamer
Satz der »Waldsteinsonate« komponiert, nun Josephines feder-
leicht tönendes Grabmahl.

Noch einmal Höhenflüge

Am Ende nur noch Größtes

Auch den zweiten Satz der letzten seiner drei letzten Klavier-
sonaten, kann man mit Josephine in Verbindung bringen
(Harry Goldschmidt). Übers Grab hinaus liebt er sie. Die drei
Sonaten sind erfüllt von ewigkeitstauglichen Themen, weit
ausgreifenden Variationen wie in Opus 109 und Opus 111, die
Fuge findet, wie in Opus 110, in immer neue Gestalten. Was
Beethoven in der Arietta der letzten Sonate in seiner »Schick-
sals-Tonart« c-Moll mit der, Josephines Namen ein letztes Mal
aufrufenden, punktierten Melodie alles anstellt, hat Thomas
Manns kaisersascherner Stotterer, das hochgelehrte Adorno-
Double Wendell Kretzschmar, im *Faustus*-Roman gesagt:

In welche Nächte und Überhelligkeiten, Kristallsphären,
worin Kälte und Hitze, Ruhe und Ekstase ein und dasselbe
sind, er sie stürzt und erhebt, das mag man wohl weitläufig,
wohl wundersam, fremd und exzessiv großartig nennen,
ohne es doch damit namhaft zu machen, weil es recht eigentlich namenlos ist.

Noch einmal Opernpläne. Aber wo ist das passende Libretto? Ein neuer Bekannter taucht auf, der vielversprechende Dramatiker Franz Grillparzer, ein Konservativer mit stillem Hang zur Revolution. Die Geschichte der *Melusine*, die er ihm für eine neue Oper anbietet, überzeugt Beethoven. Grillparzer schreibt das Opernbuch. Aber erst müssen die laufenden Arbeiten vom Tisch. Immer noch lebt Karl bei ihm. Immer noch verdächtigt der Onkel ihn, er halte Kontakt zu seiner Mutter, die Dienstboten seien von ihr bestochen. Karl sitzt neben dem Hammerflügel, wenn der Onkel arbeitet (Beethoven kann nichts mehr hören, aber immer noch braucht er die Haptik des Instruments, das er mit einer kaum hilfreichen »Schallhaube« ausrüsten lässt). Neben den Dienstboten ist Karl der erste Mensch, dessen Ohren die Musik der *Missa solemnis* und der *9. Sinfonie* hören. Karl leidet unter den ständigen Gängeleien des Oheims, unter Kontrollen und Eingriffen in sein Leben. Oft verstehen sie sich aber auch gut. Er ist dem Onkel eine Hilfe, ein Trost. Karl ist überfordert.

Missa und *Neunte* überragen alles Überragende. Während sie entstehen – Beethoven braucht bei der Arbeit an einem Werk für den nötigen Abstand, vielleicht auch nur zur Erfrischung, die Beschäftigung mit mindestens einem weiteren – ragt noch ein drittes, die 33 Veränderungen auf einen Walzer von Anton Diabelli. Dieser Wiener Verleger hatte einen recht simplen Walzer komponiert und eine Vielzahl von Komponisten eingeladen – unter ihnen Schubert, den jungen Liszt und den jüngsten Mozartsohn –, sich an einer kollektiven Variationen-Produktion zu beteiligen. Das gefällt Beethoven natürlich nicht. Zum Glück für die Musik liebende Menschheit reißt er sich die Aufgabe unter den Nagel. Aus etwas Unscheinbarem wird Unsterbliches.

Variationen, das ist bis Beethoven und mit Ausnahme von Bachs Goldberg-Variationen, eine nur durch ein meist markantes Thema verbundene Folge unterschiedlich abwechslungsreicher, mehr oder minder tiefgehender Metamorphosen und Maskeraden dieses Themas. In den Diabelli-Variationen »steht entfesselte Virtuosität neben lyrischen Ruhepunkten; farbige Flächigkeit neben Abschnitten, in denen schroffe Akzente das Thema gleichsam gegen den Strich bürsten« (Volker Scherliess). Es handelt sich um eine keineswegs zufällige, auf ihre Entwicklung abgestimmte Folge sehr unterschiedlicher Gestimmtheiten und Haltungen von derbem Witz, über hitzige Lebensfreude bis hin zu unnennbarem Schmerz. In den Diabelli-Variationen hebt der Tonsetzer die ohnehin nur in unserer Vorstellung, nicht in der Musik, vorhandene Unterscheidung von Form und Inhalt auf. Die Form bedarf, um wahrgenommen zu werden, keines außermusikalischen Vorwands mehr, sie ist der Inhalt, »Musik ist tönende Form« (Eduard Hanslick). Beethoven resümiert mit den Diabelli-Variationen nicht nur die musikalische Vergangenheit (die letzte Variation verbeugt sich weise schmunzelnd vor Haydn und Mozart) und eröffnet die Zukunft solistischer Klavierkomposition; er verfasst in ihnen eine Weltgeschichte des Gefühls in dreiunddreißig Kapiteln – »ein Abbild der ganzen Tonwelt« (von Bülow).

Die drei krönenden Schöpfungen entstehen zwischen 1815 und 1824. Alle zur selben Zeit. Vielleicht hatte ihm 1820 sein nach vielem Hin und Her gerichtlich endgültiger Sieg über die Schwägerin in Sachen Sorgerecht für Karl die Kraft dazu verliehen.

Als ihn die Nachricht von der Ernennung Rudolphs zum Erzbischof von Olmütz erreicht, drängt sich Beethoven als

- ◆ Klaviersonate B op. 106 »Hammerklavier« **(1817/18)**
- ◆ 33 Diabelli-Variationen für Klavier C op. 120 **(1819–23)**
- ◆ Missa solemnis D für Solostimmen, Chor und Orchester op. 123 **(1819–23)**
- ◆ Klaviersonate E op. 109 **(1820)**
- ◆ 11 Bagatellen für Klavier op. 119 **(1820–22)**
- ◆ Klaviersonate As op. 110 **(1821)**
- ◆ Klaviersonate c op. 111 **(1821/22)**
- ◆ Sinfonie Nr. 9 d op. 125 **(1822–24)**
- ◆ 6 Bagatellen für Klavier op. 126 **(1824)**

Festtagskomponist förmlich auf. Viele Notizen in seinen Skizzenbüchern zeigen, dass er sich seit langem mit dem Gedanken einer neuen Messe trägt, auch möchte er gern erzbischöflicher Hofkapellmeister werden. Als er sich Anfang 1819 an die Arbeit macht, mag er ahnen – er hat »immer das Ganze vor Augen« –, dass es länger dauern wird als geplant. Es reizt ihn diesmal offenbar nicht, die von ihm selbst so eindrucksvoll geöffneten Möglichkeiten von Polyphonie und thematisch-motivischer Arbeit abermals zu erweitern. Die Homophonie und ein nicht mehr vom Sonatensatz strukturiertes und angetriebenes Geschehen locken ihn mehr. Er beschäftigt sich von »den Mönchen« (Kirchentonarten) bis zu Palestrina, von Bach und Händel bis zu Haydn mit allem, was er in den Bibliotheken des Kaiserhofs, des Hauses Lobkowitz und Erzherzog Rudolphs an Noten »aller christkatholischen Psalmen und Gesänge« findet. Und bringt ein Werk zur Welt, das sich in vielen Belangen von dem unterscheidet, was er vorher und nachher komponiert. Dabei spielt die Idee eines »objektlosen, aus sich selbst bewegten Flusses« (Peter Gülke) eine Hauptrolle. Rudolphs Inthronisation findet am 9. März 1820 statt. Die *Missa* ist Anfang 1823 fertig.

Bedeutende Musikologen wie der Engländer George Grove erkennen in ihr eine Wende Beethovens zur Religiosität. Grove setzt vorsichtig das Adjektiv »religiös« in Parenthese. So viel kann man zu Beethovens Religiosität vielleicht sagen: Er ist kein Kirchgänger. Es gibt schon in seiner Zeit verschiedene Formen des Glaubens, den Pantheismus Goethes, fernöstlich angeregte Spielarten der Spiritualität, agnostische Sichtweisen. So ist der vom Weltbild der Aufklärung erschütterte Gott, an den sich der alte Beethoven in seinen persönlichen Aufzeichnungen und im Schlusschor der 9. *Sinfonie* öfter zu wenden scheint, gewiss nicht identisch mit dem autoritär obrigkeitlichen Gott der Christenheit. Beethoven steht am Beginn einer Entwicklung, an deren Ende niemand damit, dass sie oder er »Mein Gott« oder »In Gottes Namen« seufzt, in den Verdacht gerät, religiös zu sein. Religion wird in der Beethovenzeit mehr und mehr vom Inhalt zur Haltung.

Das die *Missa* einleitende Kyrie führt in eine Welt der Ruhe; die durchsichtigen Köpfe halber und ganzer Noten bestimmen das Bild der Partitur. In einem vorwärts drängendem Geschwindschritt eilt dann der Anfang des Gloria auf etwas zu Rühmendes zu. Die Kreuzigung ist mit größter Betroffenheit geschildert. Die Credo-Fuge: eine Orgie göttlicher Ordnung. Aber die Verheißung einer allen Menschen gemäßen Welt im Sanctus mit dem himmelhohen Gesang der berühmten konzertierenden Geige im Benedictus ist nicht mehr die des Heiligen Augustinus und auch nicht mehr die der Eingeweihten in Mozarts *Zauberflöte*. Im Dona nobis pacem des abschließenden Agnus Dei schleudern Chor und Orchester (eine entsprechende Interpretation vorausgesetzt) das Wort »Pacem!« heraus – PEACE NOW! – ein politischer Aufruf. »Krieg, Handel und Piraterie«, heißt es in Goethes zweitem *Faust*, »dreieinig sind sie, nicht zu trennen.« Gleich zwei Mal – das Agnus Dei wird zum Hilferuf – blendet Beethoven die Schrecken des Krieges extrem prägnant in die wieder mit einer herrlichen Fuge gekrönte Bitte um Frieden ein, ganz am Ende erinnert die Solopauke noch einmal an den vielleicht überwundenen Krieg. Was sich da aber in dieser rätselhaft riesigen *Missa* in Chören, Solisten und großem Orchester immer neu gen Himmel hebt, ist – noch im demütigen Amen des Credo – die Humanitas. In ihr sitzt bei Beethoven der Mensch auf dem Thron. Beethovens menschheitlich große Messe wird in keiner Kirche aufgeführt, die Kurie versteht sie richtig. Was den Tonkünstler allerdings mit der Religion verbindet, ist der Rettungsgedanke, in seinem Fall: »Die musikalische Rettung der Welt im Stande des Subjektivismus« (Adorno).

Der Kreis schließt sich

Der Schillerfreund Bartholomäus Fischenich muss Beethoven noch in Bonn erlebt haben. Am 26. Januar 1793 spricht er in einem Brief an Charlotte von Schiller davon, dass sich der junge Tonsetzer schon am Rhein begeistert mit Schillers Gedicht »An die Freude« beschäftigt habe, einem Text, der zur Zeit seiner Entstehung im Sommer 1785 ein anti-feudales Trinklied war. Beethoven macht daraus knapp vierzig Jahre später das Finale seiner 9. *Sinfonie*, eine noch nie dagewesene Art von Sinfoniesatz mit Solosängern, Chor und Orchester – die demokratische Utopie einer in Daseinsfreude solidarischen, harmonisch-humanen Gemeinschaft. Schillers Werke,

er starb 1805, tauchen um 1808 aus einer langen, obrigkeits-
staatlich erzwungenen Versenkung auf. Seine Stücke und
Schriften sind wieder und bleiben Bestseller, was Beethoven
gefreut haben wird. Der wendet sich in der *Neunten* ein letztes
Mal den Idealen seiner Jugend zu, rekapituliert in den ersten
drei Sätzen die von ihm entwickelte Sinfonik. In ihr treten,
wie in den Ideen-Sinfonien Nr. 3 und Nr. 5, nicht nur Verheißung und Programm einer Freiheitsidee hervor, die sich vom
Freiheitsbegriff des Liberalismus absetzt, indem sie nicht per
se ganze Erdteile, Klassen, Geschlechter und Rassen aus-
schließt. Er lässt in seiner Musik – nach Donald Francis Tovey
»die Welt der Tat« – die sich gegen alle Katastrophen der Weltgeschichte unermüdbar immer wieder erneuernde Urkraft der
Menschheit hören, ein ohne Ausnahme gutes Leben für *alle*
anzustreben. Das Zitat französisch-revolutionärer Militärmu-
sik und Chöre verrät, dass Beethoven diese Vision nicht im ge-
schichtslosen Raum ansiedelt. In der *Neunten* schließt er den
Lebenskreis seiner ideellen und musikalischen Subjektivität.

Der erste Satz kommt nach kurzer, mit der Spannung lau-
ernder Quarten aufgeladener, die Instrumente des großen
Orchesters exponierender Einleitung schnell zur Sache, einer
alten beethovenschen Sache: des Kampfes eines jeden mit sich.
Im Presto hält wie in der *Siebten* der markant mitreißende
Rhythmus alles zusammen; erstmals in einer Sinfonie konzertiert eine Pauke. Im weit ausholenden Variationen-Thema des
Adagio molto e cantabile an dritter Stelle klingt, hymnisch
verdichtet und überhöht zur Andacht einer Welt des Friedens,
die Leichtigkeit der *Sechsten* noch einmal an. Zum Beginn des
Finalsatzes kommt mir die Anekdote über den US-Filmprodu-
zenten in den Sinn, der einem Autor kurz und bündig erklärt,
wie das Drehbuch zu sein hat: »Mit dem Weltuntergang be-

ginnen – und dann langsam steigern.« In der Einleitung antworten auf zwei dissonant alarmistisch loslärmende Kurzfassungen der Weltlage die tiefen Bässe halbwegs beruhigend unisono. Sie moderieren rezitativisch das Folgende, erinnern kurz an die drei schon erklungenen Sätze. Mehr und mehr mit dem Orchester verbunden, bereiten sie in unmerklich sich dem Ziel nähernden, figuriert variierten Themenbruchstücken auf das erstmalige Erklingen der von ihnen selbst unisono intonierten Freudenmelodie vor. Die geht vorwiegend fortissimo, polyphon und homophon, von tiefster Tiefe bis in schwierigste Höhen durch alle Orchestergruppen, Solisten- und Chorsängerkehlen und Klangfarben, sie präsentiert sich, durchweg strahlend, als Melodie, Variation, Fuge, Themenfiguration oder in allem zugleich. »Seid umschlungen Millionen.« Heute sind es Milliarden. Zur Freude besteht kein Anlass. Im Sinne Beethovens unumschlungen, ungeküsst: die freudlose Habgier und ihre Machthaber.

Beethovens Stern in Wien ist, zusammen mit der Zahl neuer Werke, gemessen an der bisherigen Produktivität, zwischen 1810 und 1820 traurig gesunken. Aber die *9. Sinfonie* trifft nun etwas überraschend auf ein Publikum, das seine Musik, auch wenn es sie zunächst nicht ganz versteht, wieder zunehmend bewundert und sucht. Räumlichkeiten wie den 1822 insolventen Apollo-Saal in der Zieglergasse mit seinen 6000 Plätzen, wo noch während des Kongresses der Kaiser in der Menge badete, kann Beethoven nicht füllen. Aber er hat seine Adressaten gefunden: Das gehobene und besitzende Bürgertum und das auch den Adel einschließende Heer mittlerer und höherer Beamter des kaiserlichen Staatsapparats, gebildet und nicht selten aufgeschlossen für die neuen Ideen. »Es ist der Geist«, beschreibt er der Frankfurter Bankierstochter Maximiliane

Brentano (Widmungsträgerin der *Sonate op. 109*) die Weltanschauung seines Publikums, »der edlere und bessere Menschen auf diesem Erdenrund zusammenhält u[nd] den keine Zeit zerstören kann.« »Wenn wir den Stand gewählt, in dem wir am meisten für die Menschheit wirken können«, sagt ideengleich der bei Fertigstellung der *Neunten* fünfjährige Karl Marx 1835 in seinem Abituraufsatz, »dann genießen wir keine arme, eingeschränkte, egoistische Freude, sondern unser Glück gehört Millionen.«

Die Uraufführung der *Neunten* am 7. Mai 1824 im Kärntnertor-Theater – zusammen mit der *Ouvertüre op. 124* und drei infolge des Kirchenmusikverbots für Konzertsäle als »Hymnen« antretenden Sätzen der *Missa* – ist ein Riesenerfolg. Rossini scheint vergessen. Alles wird gut. Nur nicht Beethovens Organismus. An Ries in London schreibt er:

> Gibt mir nur Gott meine Gesundheit wieder, welche sich wenigstens gebessert hat, so kann ich allen Anträgen von allen Orten Europas, ja sogar aus Nordamerika Genüge leisten und ich dürfte noch auf einen grünen Zweig kommen.

Die Philharmonische Gesellschaft in London ist bereit, für zwei neue Sinfonien das damals horrende Honorar von 50 Pfund zu zahlen. Aus Petersburg bittet Fürst Nikolaus Galitzin für verlockend viel Geld um zwei oder drei Streichquartette. Beethoven plant, sollte es ihm seine Gesundheit erlauben, eine *10. Sinfonie*, erste Skizzen sind notiert. Das Kärntnertor-Theater will eine neue Oper von ihm. Aber zur Komposition von Grillparzers *Melusine* reicht die Kraft nicht. Noch nicht? Er fühlt sich vorläufig zu schwach für Großes. Es findet sich als Qualität gleichwohl in den letzten Streichquartetten. Für Galitzin entstehen das mit eleganten, den Lehrer kontrapunktisch und melodisch übertrumpfenden Reminiszenzen an Haydn glänzende, mit einem ausschweifend elegischen Adagio versehene op. 127; das op. 132 mit der fast zwanzig Minuten langen »Heiligen Dankgesang eines Genesenden« als zentralem dritten Satz und op. 130, in dessen Eröffnungssatz nun wirklich alle Parameter, von Einleitung, Adagio, Allegro bis hin zu den Regeln des Sonatensatzes über den Haufen geworfen sind, aber in was für einem Wurf! Danach entbindet sich ihm noch – der Zug ins Große bleibt – das aus sieben Sätzen bestehende op. 131. Der seit 1823 aus Russland heimgekehrte Schuppanzigh spielt die Uraufführungen. Für die späten Quartette gilt, was seit der »Hammerklaviersonate« von einem Großteil des Spätstils zu sagen wäre: Ohne an irgendeiner Stelle die Formenwelt der Klassik wirklich zu verlassen, ist jede Note Avantgarde. Der Tonsetzer passt sich die Formenwelt an; ihre Auflösung riskierend, erweitert er sie. Aber das Neuartige – mit Ausnahme vielleicht der sternfern menschlichen *Großen Fuge* – stößt nicht mehr vor den Kopf, es will nicht mehr wie früher provozieren, ist seiner selbst gewiss als wäre es schon immer da. Es findet keine Nachfolger, legt zu nichts Späterem den Grund, wird allerdings durch das ohne seine Mitwirkung entstehende Spätere nachträglich bestätigt (Dahlhaus).

Karl bemüht sich. Aber ein Musiker, wie Beethoven es gern hätte, wird nicht aus ihm. Nach dem Besuch des Erziehungsinstituts Blöchlinger studiert er auf Wunsch des Onkels für ein halbes Jahr Philologie. Ein Irrtum auch das anschließende, von ihm selbst gewählte Studium am Polytechnikum. Er will zu den Soldaten, dort winkt Stabilität. Es gibt erneut Streit. Im Oktober 1825 zieht Beethoven ins Schwarzspanierhaus im Bezirk Alsergrund, »2ter Stock No. 20 links«, seine letzte Woh-

nung. Um sich von einer nicht wirklich abklingenden Leber-
zirrhose zu erholen, verbringt er den ganzen Sommer 1826 in
Baden. Seine Briefe an Karl sind voller Vorwürfe, Maßregelun-
gen, Übergriffe. Als er aus der Ferne versucht, Karls erwachen-
de Sexualität gezielt zu behindern und zu unterdrücken, ist es
zu viel. Der Junge wehrt sich, er opponiert. Er ist jung, also un-
bedacht und töricht. Er mag seinen Onkel und versucht, ihm
seine Zuneigung zu zeigen. Irgendwann aber kann er nicht
mehr. Am 29. Juli 1826 versetzt er eine Uhr, kauft sich zwei
Pistolen, hält sie im idyllischen Helenenthal bei Baden, einem
alten Lieblingsplatz des Onkels, an seine Schläfen und drückt
ab. Er überlebt, man bringt ihn zur Mutter. Wie weggeblasen,
so Schindler über den aus allen Wolken fallenden Onkel, »war
das immer noch Feste, Stramme in allen seinen Körperbewe-
gungen. Ein Greis von nahezu siebenzig Jahren stand vor uns.«
Beethoven legt, immer noch widerstrebend, die Vormundschaft nieder. Der russischen Zarin Alexandra, die während
des Kongresses ihr Herz für ihn entdeckt hatte, sucht er auf deren Briefbitte ein »Wiener Flügel Forte Piano« aus und lernt
anlässlich der Widmungs-Modalitäten für die 9. *Sinfonie* die
Knickrigkeit des Preußenkönigs Friedrich Wilhelm III. kennen. Aus dem Hospital entlassen, reist der Neffe Ende Sep-
tember zusammen mit den beiden Onkeln in Nikolaus Johanns Landhaus in Gneixendorf bei Krems. Karl muss Wien
verlassen, Suizid ist strafbar, die Behörden könnten sich seiner
versichern. Der Onkel Louis und sein Neffe bedürfen der Re-
konvaleszenz. Beethovens Leber will nicht besser werden. Er
vollendet in Gneixendorf seine letzte zyklische Komposition,
das *Streichquartett op. 135*. Dessen Lento assai, ein letzter
schmerz- und trauervoll trostreicher Abgesang des das Ende
vielleicht spürenden Tonsetzers. Die dramatischen Ereignisse

des Sommers machen sich allenfalls im Finalsatz bemerkbar. Er hat ein Motto, Beethoven krakelt es mit Bleistift auf das erste Blatt der Partitur und hinterlässt es der Nachwelt als ein letztes Rätsel: »Muss es sein?«, fragen im Wortrhythmus Bratsche und Cello, leise konfrontiert vom Legato der Geigen; alle vier Instrumente steigern die Frage in dramatisch dissonante Dreifachakkorde – von f-Moll nach F-Dur aufgehellt, gibt der Allegro-Teil dann aufgeräumt und vielfach durchgeführt Antwort· »Es muss sein, es muss sein.«

Nichts von einem »Greis von nahezu siebenzig Jahren«. Die alte Energie, der konzentrierte Überblick sind überall im Spätstil wirksam. In den letzten fünf Streichquartetten bilden sie noch einmal einen, die grenzenlose Wandelbarkeit beethovenscher Musik vor Ohren führenden Kosmos aus. In den *Bagatellen op. 119* und mehr noch in denen op. 126 scheint sich das musikalische All in Richtung Miniatur in sich selbst zurückzuziehen. Sonatenartig, variativ, skizzenhaft-vollendet entwickelt der Tonsetzer in ihnen auf engstem Raum den erstaunlichsten Reichtum. Leider bekommen die Bagatellen, wie vieles Großartige bei Beethoven, im Schatten großer Nachbarwerke zu wenig Aufmerksamkeit. Auf Wunsch des Verlegers Artaria schreibt er als Ersatz für die offenbar allzu weit in die Zukunft ragende *Große Fuge* als letzte Komposition seines Lebens einen eingängigen Finalsatz zum *Quartett op. 130*. Die *Große Fuge* wird als op. 133 zum Solitär.

Ende November brechen Beethoven und Karl auf. Zurück nach Wien. Im offenen Milchwagen. Ein nasskaltes Unwetter geht nieder, für die Nacht finden sie nur ein ungeheiztes Gasthofzimmer ohne Winterfenster. Beethoven legt sich Zuhause mit einer schweren Lungenentzündung ins Bett. Eine Gelbsucht folgt. Der ihn behandelnde Professor Dr. Wawruch:

Sein Gesicht glühte, er spuckte Blut, die Respiration drohte mit Erstickungsgefahr und der schmerzhafte Seitenstich gestattete nur eine quälende Rückenlage.

In seinen Knochen und Haaren findet sich später ungewöhnlich viel Blei. Der Weißwein, von dem er in Wien viel trinkt, wird von den Winzern der Umgebung aus Kostengründen mit Bleizucker statt mit Rohrzucker gesüßt. Es untergräbt seine Gesundheit, ob ursächlich oder zusätzlich, wissen wir nicht. Er erholt sich ein wenig. Sein Verhältnis zu Karl entspannt sich, Beethoven lässt endlich los. Karl Holz und vor allem Stephan von Breuning moderieren. Karl darf zur Armee. Begeistert und müde blättert Beethoven in den 40 Bänden einer von dem ihn bewundernden Instrumentenbauer Johann Andreas Stumpff aus London übersandten Händel-Prachtausgabe. Schon in Gneixendorf waren sein Bauch und seine Füße von Wasser geschwollen. Am 20. Dezember muss ihn Primärwundarzt Dr. Seibert punktieren. Es tut sehr weh. Der Bruder, Schindler und, in Vertretung seines erkrankten Vaters, der 13-jährige Gerhard von Breuning sind täglich um ihn; Schuppanzigh, der gichtkranke Zmeskall und viele andere alte und neue Freunde schauen gelegentlich vorbei. Karl bekommt eine neue Uniform und rückt am 2. Januar 1827 in Iglau ein. Zwischen Neffen und Oheim gehen liebevolle Briefe hin und her (»Dein Dich liebender Sohn«). Karl wird zum Universalerben. Über die Bestimmungen des Testaments versöhnt sich Beethoven am Ende auch mit der Schwägerin Johanna. Am 11. Januar erfolgt die zweite von insgesamt fünf Operationen. Erfolglos. Ende Februar sind die drei behandelnden Ärzte mit ihrem Latein am Ende. Er soll so wenig wie möglich leiden. »Mein Arzt«, schreibt er an den Mainzer Verleger Schott, »verordnet

mir sehr guten alten Rheinwein zu trinken. So etwas hier un-
verfälscht zu erhalten, ist um das teuerste Geld nicht möglich.«
Graf Pasqualati, Hauswirt seiner Lieblingswohnung, versorgt
ihn mit »Kirschen-Compot«. »Champagner ist mir erlaubt«,
mahnt er brieflich an, auch »Wildpret und Krametsvögel.« Er
wird schwächer. Sein Appetit schwindet. Es heißt, Schindler
habe ihn in diesen Tagen noch mit Noten der Lieder Schuberts
versorgt. Beethoven ist fasziniert, er möchte auch »die Opern
und Klaviersachen sehen«; dazu kommt es nicht mehr. Am
24. März mittags ein Uhr stellt man zwei Flaschen des 1806er
Rüdesheimer aus Mainz an sein Bett (Caeyers). »Schade, schade – zu spät!«, lächelt er und schläft wieder ein. Am 26. März ist
neben Breuning Vater und Sohn und wenigen anderen auch
der Komponist und Schubertfreund Anselm Hüttenbrenner
im Sterbezimmer. Bewusstlos röchelnd liegt Beethoven in den
Kissen. Da zittert vor den Fenstern das grelle Licht eines von
einem gewaltigen Donnerschlag begleiteten Blitzes über den
Schnee auf Dächern und Gärten. Hüttenbrenner:

Beethoven öffnete die Augen, erhob die rechte Hand und
blickte mit geballter Faust mehrere Sekunden lang in die
Höhe … Als er die Hand wieder aufs Bett niedersinken ließ,
schlossen sich seine Augen zur Hälfte. Kein Atemzug mehr,
kein Herzschlag!

Mögen es zehn-, mögen es zwanzigtausend Menschen sein,
die den Sarg auf seinem Weg vom Schwarzspanierhaus zur
Totenfeier begleiten, die Zahl der Trauernden liegt auf jeden
Fall über der Einwohnerzahl der Heimatstadt des Verblichen-
en. Schubert ist einer der Fackelträger, Grillparzer der Verfasser der Trauerrede. Bis man Beethoven 1888 auf den repräsen-

tativen Wiener Zentralfriedhof umbettet, liegt er auf dem kleinen Währinger Kirchhof. Nicht unweit, ohne einen Grabstein, den ihr die Familie verwehrt, ruht dort auch Josephine. »Sie waren für einander geboren«, schreibt viele Jahre später ihre kluge Schwester Therese in ihren Erinnerungen. »Und lebten beide noch, sie hätten sich gewiss vereint.«

Was bleibt?

Wie die Bildhauer und Maler, welche ihn darstellten, das Werk ihrer Vorgänger einer nach dem anderen idealisierten, bis der Komponist gleich einem homerischen Gotte vor uns stand, so hat sich in der Beethoven-Literatur ein ähnlicher Prozess vollzogen: Könnten sie auf die Erde zurückkehren, würden die, welche ihn persönlich kannten, in diesen Bildnissen niemals die kurze muskulöse Figur und das pockennarbige Gesicht ihres alten Freundes wiedererkennen. Man unterdrückte das, was gewöhnlich und trivial erschien, bis man ihn zu einem Wesen gemacht hatte, welches erhaben und getrennt von den übrigen Menschenkindern in dem ihm eigentümlichen Reiche gigantischer Ideen lebte und in seiner Musik geheimnisvolle Enthüllungen über unaussprechliche Dinge machte.

Was der große amerikanische Beethoven-Biograf Alexander Wheelock Thayer 1865 über die Beethoven beschreibenden Bildnisse, Plastiken und Texte des 19. Jahrhunderts sagt, gilt auch für die Interpretationen seiner Werke. Man hat lange – und tut das bis heute – ihre Unebenheiten und Extreme geglättet und verharmlost, hat sie standardisiert, sie sich angepasst,

Beethovendenkmal, Bonn. Die Bronze-Statue stammt von Ernst Julius Hähnel.

ihnen die originäre Durchschlagskraft und Dynamik genommen. Erst Künstler wie René Leibowitz, Michael Gielen und die Internationale der historischen Aufführungspraxis kehrten zu den noch von Beethoven selbst per Metronomangaben festgelegten schnellen Tempi, den grellen Kontrasten, zu Beethovens energetischer Unrast zurück und legten den revolutionären Furor, die strukturelle Wucht seiner Musik, die ungekünstelte, nie sentimentale Liebe zum Leben und zu den Menschen wieder frei. Es ist eines der Wunder menschlichen Vermögens, dass, verursacht durch eine in einer bestimmten Weise geordnete und akzentuierte Reihe und Schichtung von Tönen, durch kunstvoll durchgeistete Schallwellen, Millionen Menschen der unerfüllte Traum eines genialen Bürgerkinds aus Bonn so sehr erreicht und bewegt, dass sie in Form seiner Musik seine großen und tiefen Gefühle und Gedanken über die Grenzen von Erdteilen und Kulturen hinweg zu teilen meinen. So lebt er weiter. So vollendet er sich, ganz wie er es sich gewünscht hat, in jeder Nachwelt immer neu.

Lektüretipps

Jan Caeyers: Beethoven. Amsterdam 2009. [Dt.: München 2017.]

Ludwig Finscher (Hrsg.): Ludwig van Beethoven. Darmstadt 1983.

Harry Goldtschmidt: Beethoven-Studien II. Um die unsterbliche Geliebte. Eine Bestandsaufnahme. Leipzig 1977.

Peter Gülke: »… immer das Ganze vor Augen«. Studien zu Beethoven. Stuttgart [u. a.] 2000.

Elvira Seiwert: Beethoven-Szenarien. Stuttgart 1995.

Rita Steblin: Beethovens »unsterbliche Geliebte«. Des Rätsels Lösung. In: Österreichische Musikzeitschrift 64/2 (2009) S. 4–17.

Marie-Elisabeth Tellenbach: Beethoven und seine »unsterbliche Geliebte« Josephine Brunswick. Zürich 1983.

Alexander Wheelock Thayer: Ludwig van Beethovens Leben. 3 Bde. Berlin 1866–1879. [Reprint: www.hansebooks.com]

Die zeitliche Einordnung der Werke Beethovens in den grau hinterlegten Kästen folgt:

Ludwig van Beethoven. Thematisch-bibliographisches Werkverzeichnis. 2 Bde. Bearb. von Kurt Dorfmüller, Norbert Gertsch und Julia Ronge. Unter Mitarbeit von Gertraut Haberkamp und dem Beethoven-Haus Bonn, München 2014.